Wie die Menschen, die hier leben, ist auch New York City freigiebig, vielfältig und voller Überraschungen – ein Konglomerat aus Optionen und Visionen, Weltfinanzzentrum, große politische Bühne und internationale Plattform für Entertainment und Aktionskunst. Querdenker kommen in Scharen, um Ideen auszuprobieren, und junge Künstler hoffen, hier gehört und gesehen zu werden. Alle möchten ein Teil dieser Stadt sein, in der jeder Wunsch wahr werden kann.

CITIx60 New York erkundet den „Big Apple" unter fünf Gesichtspunkten: Architektur, Kunst, Shopping, Gastronomie und Nachtleben. Expertentipps von 60 Akteuren der New Yorker Kreativszene führen durch das authentische New York.

Inhalt

Vor Abreise

BASICS

Währung
US-Dollar (USD/$)
Wechselkurs: $1: € 0,8 (Stand: April 2018)

Zeitzone
Eastern Standard Time (MEZ -6)
Sommerzeit (UCT -4)

Die Sommerzeit (DST) beginnt um 2 Uhr (Ortszeit) am 2. Sonntag im März und endet um 2 Uhr (Ortszeit) am 1. Sonntag im November.

Vorwahlen
Ländervorwahl USA: +1
Ortsvorwahlen: 212, 917, 646, 718, 347, 929, 332*

*Auch bei Ortsgesprächen muss die Landeskennung 1 mitgewählt werden, gefolgt von der dreistelligen Bezirksvorwahl („area code").

Wetter (Durchschnittstemperaturen)
Frühling (Ende März-Mai): 3-20 °C / 37-68 °F
Sommer (Juni-August): 20-30 °C / 68-86 °F
Herbst (Sept.-Nov): 5-20 °C / 41-68 °F
Winter (Dez.-März): -5-8 °C / 23-47 °F

NÜTZLICHE WEBSITES

MTA Bus & Subway
mta.info

Einreiseerlaubnis (Visa Waiver Programm)
https://esta.cbp.dhs.gov/esta

NOTRUFNUMMERN

Krankenwagen, Feuerwehr oder Polizei
911

Mehrsprachige Besucherinformation
+1 (212) 484 1222

Diplomatische Vertretungen

Deutschland	+1 (212) 610 9700
Österreich	+1 (212) 737 6400
Schweiz	+1 (212) 599 5700

ANREISE: FLUGHAFENTRANSFER

JFK Airport <-> Manhattan (Air Train JFK)
Takt / Fahrtdauer: alle 5-20 Min. / 35 Min. Zug ab Flughafen oder Manhattan, Penn Station (Umsteigen in die Long Island Rail Road: Jamaica Station): 24 Stunden, $15 (einfache Fahrt)

LaGuardia Airport <-> Manhattan (NYC Airporter)
Takt / Fahrtdauer: alle 30 Min. / 60 Min.
Bus ab Flughafen oder Manhattan, Penn Station: 6-23.30 Uhr, $16 (einfache Fahrt)

EWR Airport <-> Manhattan (AirTrain Newark)
Takt / Fahrtdauer: alle 3-15 Min. / 30 Min.
Zug ab Flughafen: 24 Stunden
Zug ab Manhattan, Penn Station (Umsteigen in die NJ TRANSIT: Newark Liberty Airport Station): 5-2 Uhr, $12,50 (einfache Fahrt)

www.panynj.gov/airports

ÖFFENTLICHER NAHVERKEHR

MTA Bus & Subway*
Railroad
Citi Bike
Taxi
Uber/Lyft

*Kostenlose Umsteigemöglichkeit von Bus auf U-Bahn und umgekehrt innerhalb der zweistündigen Gültigkeitsdauer der MetroCard.

FEIERTAGE

Januar	Neujahr*, Martin Luther King Jr. Day (dritter Montag)
Februar	Lincoln's Birthday (12.), Washington's Birthday (dritter Montag)
Mai	Memorial Day (letzter Montag)
Juli	Independence Day (4.)
September	Labour Day (erster Montag)
Oktober	Columbus Day (zweiter Montag)
November	General Election Day (Di nach dem ersten Mo), Veterans' Day (11.), Thanksgiving Day (vierter Do)*
Dezember	Weihnachten (25.)*

Fällt ein gesetzl. Feiertag auf ein Wochenende, wird dieser am folgenden Werktag nachgeholt.
*Museen, Shops etc. haben z. T. geschlossen.

FESTIVALS / EVENTS

Januar
Première Vision Fashion Fair (auch im Juli)
www.premierevision-newyork.com

Februar
New York Fashion Week (auch im September)
www.mbfashionweek.com

März
The Armory Show (internat. Kunstmesse)
www.thearmoryshow.com

April
The AIGA Awards Gala (Designpreis-Verleihung)
www.aiga.org/AIGA-awards

Mai
NYCxDESIGN
www.nycxdesign.com
ICFF (Internationale Möbelmesse)
www.icff.com
WantedDesign
www.wanteddesignnyc.com

Juni
NYC Pride Parade
www.nycpride.org

September
Kunstbuchmesse von Printed Matter
nyartbookfair.com

Oktober
Open House New York
www.ohny.org

November
New-York-Marathon
www.tcsnycmarathon.org
Macy's Thanksgiving Day Parade
www.macys.com/social/parade

Dezember
Times Square New Year's Eve
www.timessquarenyc.org

Die genauen Daten können von Jahr zu Jahr variieren. Bitte online überprüfen.

UNGEWÖHNLICHE STADTFÜHRUNGEN

Ein Blick hinter die Broadway-Kulissen
www.broadwayupclose.com

NYC zu Fuß, äußerst informative Touren
www.bigonion.com

Auf dem Fahrrad durch Manhattan & Brooklyn
getupandride.com

Museumsführung mal anders!
museumhack.com

Außergewöhnliche Walking Tours
www.mas.org/events

Navy Yard Seasonal Photography Tours
bldg92.org/visit/public-tours

SMARTPHONE-APPS

Veranstaltungskalender
The Scoop (nur für iOS)

Fahrradrouten, Verleih & Fahrradstationen
CityVelo NY (nur für iOS)

Bus-Abfahrtszeiten & Karten in Echtzeit
NYC Bus Checker

PORTO & TRINKGELD

Porto National / International (Standard-Postkarten)
$0,35 / $1,15

Trinkgeld
Restaurants / Bars
15–25 % für Service & Barkeeper, $1–2 pro Getränk
Hotels: $ 2–5 pro herbeigerufenes Taxi für den Portier, $1–2/Gepäckstück für den Portier bzw. Pagen, $ 2–5/Nacht für das Reinigungspersonal, $ 5/Dinner- oder Ticket-Reservierung für den Concierge
Lizenzierte Taxis: 15–20 % des Fahrpreises
Dienstleistungen: $1–2 für Valet-Parking, Garderobe oder Toilette; 15–25 % bei Friseur, Maniküre, Massage oder Stadtführungen

Zähl bis 10

Was macht New York City so besonders?

Illustrationen von Guillaume Kashima alias Funny Fun

Für viele Besucher ist New York City eine intensive Stadt, die viel zu bieten hat. Für Ortsansässige hingegen sind die Straßen von Hupkonzerten, Sirenen und dem Lärm der Passanten erfüllt, in jedem Stadtteil auf eine ganz eigene Art. Ob nur ein kurzer Zwischenstopp geplant ist oder eine ganze Woche für die Stadterkundung zur Verfügung steht, hier verraten die New Yorker Kreativen, was Sie auf jeden Fall sehen, probieren, lesen und mit nach Hause nehmen sollten.

1

Museen & Galerien

MoMA
www.moma.org

The Guggenheim (#17)
www.guggenheim.org

The Metropolitan Museum of Art
www.metmuseum.org

Museum of Art and Design
madmuseum.org

Whitney Museum of American Art
www.whitney.org

Dia:Beacon, The Earth Room & The Broken Kilometer
www.diaart.org

Brooklyn Museum
www.brooklynmuseum.org

Neue Galerie
www.neuegalerie.org

2	3	4
Architektur	**Open-Air-Skulpturen**	**Imbiss**

2 Architektur

Brooklyn Bridge
von John Augustus Roebling

Chrysler Building
von William Van Alen

New York by Gehry
von Frank Gehry

Manufacturers Trust Company Building (510 Fifth Av.)
von Skidmore, Owings & Merrill

Jacob K. Javits Convention Center
von I. M. Pei

New York Stock Exchange
von Trowbridge & Livingston

Apple Store in der 5th Av.
von Bohlin Cywinski Jackson

3 Open-Air-Skulpturen

Unisphere
von Gilmore D. Clarke
Flushing Meadows-Corona Park, 11368

LOVE-Skulptur
von Robert Indiana
1359 Av. of the Americas Midtown East, 10019

Postcards (9/11-Mahnmal)
von Masayuki Sono
Staten Island, 10301

Bust of Sylvette
von I. M. Pei nach Pablo Picasso
NYU Silver Towers, Greenwich Village, 10012

Red Cube
von Isamu Noguchi
140 Broadway, Financial District, 10005

4 Imbiss

SmokeShack Burger
Shake Shack
www.shakeshack.com

New York Bagel & Zwiebel-Bagel mit Frischkäse
Murray's Bagels
www.murraysbagels.com

Hot-Dogs
Asia Dog
www.asiadognyc.com

Pommes & Gemüsechips
Jack's Wife Frieda
www.jackswifefreda.com

Specialty Coffee
Blue Bottle Coffee
www.bluebottlecoffee.com

5

Gut aussehen

Besuch beim Barbier
The Blind Barber
blindbarber.com

Mode made in USA
Only NY Store
onlyny.com

Sneakers
Alumni Shoes
www.alumniofny.com

Tattoo
NY Adorned
nyadorned.com

Schöner Schmuck
Jennifer Fisher Jewelry
jenniferfisherjewelry.com

6

Live-Musik & Aufführungen

The Mercury Lounge
www.mercuryloungenyc.com

Music Hall of Williamsburg
www.musichallofwilliamsburg.com

Terminal 5
www.terminal5nyc.com

Radio City Music Hall
www.radiocity.com

Joe's Pub
www.joespub.com

Broadway-Theater
www.broadway.com

American Ballet Theatre
www.abt.org

7

Kunstbücher & Raritäten

Printed Matter
www.printedmatter.org

Bookmarc von Marc Jacobs
www.marcjacobs.com/bookmarc

192 BOOKS
www.192books.com

McNally Jackson
www.mcnallyjackson.com

The POWERHOUSE Arena (#31)
www.powerhousearena.com

WORD
www.wordbookstores.com

Spoonbill & Sugartown
www.spoonbillbooks.com

8 | 9 | 10

Freizeit

Joggen
Central Park (#1)

Schlittschuhlaufen
The Rink at Rockefeller Center (#10)
therinkatrockcenter.com

Ein Baseball-Spiel anschauen
www.mlb.com

Story Slam: Geschichten erzählen und anhören
The Moth
www.themoth.org

Pendler anstarren & von ihnen angestarrt werden
jede U-Bahn-Linie

Fahrt auf dem Riesenrad
www.denoswonderwheel.com

Wellness in historischem Ambiente
AIRE Ancient Baths
www.ancientbathsny.com

Legendäre Stars & Künstler

Keith Haring
www.haring.com

Andy Warhol
The Factory (3. Studio)
860 Broadway, Flatiron District, 10003

Woody Allen
The Duplex
(in diesem Nachtclub hatte Woody Allen seinen ersten Auftritt)
www.theduplex.com

Louis Armstrong
Louis Armstrongs Wohnhaus
www.louisarmstronghouse.org

Duke Ellington
Duke Ellington Circle, Central Park (#1)
www.dukeellington.com

Souvenirs

Ein Stück Müll aus NYC
Garbage NYC
nycgarbage.com

Handgefertigte Schokolade
MAST Brooklyn
mastbrothers.com

Hudson Baby Bourbon Whiskey
Tuthilltown
www.tuthilltown.com

Empire State Building als goldener Anhänger
Canal St., SoHo, 10013

„Return to Tiffany" Herz-Anhänger
Tiffany & Co. Flagship
727 5th Av., Midtown East, 10022

„I ♥ NY" T-Shirts & Kitsch
Memories of New York
www.memoriesofnewyork.com

Symbole

- Öffnungszeiten
- Adresse
- Kontakt
- Anmerkungen
- Eintritt
- Facebook
- Website

QR-Codes scannen und per Google Maps die Umgebung erkunden. Dazu ist eine Verbindung zum Internet nötig.

60x60

60 Kreative x 60 Hotspots

Ob legendäre Wahrzeichen, spektakuläre Architektur oder auch nur beiläufig aufgeschnappte Gesprächsfetzen – alles in dieser Stadt inspiriert! 60x60 führt Sie an die Orte, wo sich unsere 60 Trendsetter kreativen Input holen.

Denkmäler & Architektur

SPOTS · 01 – 12

Erkunden Sie die Parks, Kulturdenkmäler und architektonischen Highlights der Stadt mit der weltberühmten Skyline – per pedes, Fahrrad, Boot oder auf anderen Wegen.

Kunst & Kultur

SPOTS · 13 – 24

NYC ist im Grunde eine einzige riesige Kunstgalerie. Abseits konventioneller Museen und Galerien warten zahllose Kunstwerke im öffentlichen Raum auf ihre Entdeckung.

Märkte & Läden

SPOTS · 25 – 36

Den ultimativen Lifestyle gibt's in Form von New Yorker Kultlabels, Büchern, Schallplatten, Kunstdrucken, Spezialitäten und Feinkost. Shoppen bis zum Umfallen!

Restaurants & Cafés

SPOTS · 37 – 48

Authentische New Yorker Klassiker wie Bagel oder Hot Dog genießen oder in Länderküchen aus aller Welt Neues entdecken – Kulinarisches findet sich für jeden Geschmack.

Nachtleben

SPOTS · 49 – 60

Schlafen können Sie, wenn Sie wieder zu Hause sind! NYC tobt sich auf wilden Partys aus und kommt in den Parks am Wasser und bei Kunstinstallationen wieder zur Ruhe.

Denkmäler & Architektur

Einzigartige Gebäude, beliebte Parks & Manhattans Skyline

Sobald Wolkenkratzer ihre langen Schatten werfen und die Straßen immer voller werden, weiß man, dass man im Herzen von New York City angekommen ist. Von den fünf Stadtteilen – Bronx, Brooklyn, Manhattan, Queens und Staten Island – ist Manhattan der kleinste, aber am dichtesten besiedelte, und beherbergt die größte Börse der Welt, multinationale Unternehmen und Nachrichtenstudios. Das rasterförmig angelegte Straßennetz geht auf einen Plan aus dem Jahr 1811 zurück. Lange Zeit war der Central Park (#1) untrennbar mit dem Leben der New Yorker verbunden, aber mittlerweile haben neue Grünflächen wie The High Line (#4) und der Brooklyn Bridge Park (#2) die Herzen der Einheimischen (und einiger berühmter Architekten) erobert. Für Entdeckungsreisen außerhalb der Insel steigt man in die U-Bahn-Linie A bzw. F oder spaziert über die Brooklyn Bridge nach Dumbo und Brooklyn. Die Architektur der Bedford Avenue beispielsweise bietet kulturanthropologisch interessante Einblicke. Bewegt man sich vom russisch geprägten Brighton Beach am südlichen Ende von Brooklyn nach Norden, stößt man auf jüdische Viertel, das efeubewachsene Brooklyn College, Little Israel und Polish Greenpoint. Den besten Überblick bietet natürlich ein luxuriöser Hubschrauberflug, aber einen schönen Blick auf Lower Manhattan hat man auch bei einer kostenlosen Fahrt mit der Staten Island Ferry. Der New York Harbour zählt zu den tiefsten natürlichen Häfen der Welt.

Rockefeller Center, S. 025

Frederick Bouchardy
Parfümeur, JOYA

Der gebürtige New Yorker kam im University Hospital unweit des Union Square zur Welt. Bouchardy hat einen Hundewelpen namens Clay mit bernsteinfarbenen Augen.

Central Park 014

Brooklyn Bridge Park 015

Jennifer Fisher
Schmuckdesignerin

Die gebürtige Kalifornierin mit eigenem Schmucklabel hat es nach NY verschlagen. Fisher wohnt mit ihrer Familie in Tribeca und probiert pausenlos neue Sachen in der Stadt aus. Ihre Empfehlungen sind unsere Favoriten.

Keegan McHargue
Künstler

Der 1982 in Portland, Oregon, geborene Maler und Bildhauer lebt und arbeitet in New York.

FDR Four Freedoms Park 016

jeffstaple
Kreativchef von Staple Design

Gründer und Kreativchef von Staple Design und Reed Space.

The High Line 017

Tribeca Synagogue 018

Shohei Shigematsu
Architekt, OMA

Partner von OMA New York seit 2008. Bei der Fertigstellung der Cornell University Milstein Hall und dem Bau des Musée national des beaux-arts du Québec (MNBAQ) hatte er die Projektleitung inne.

Jessica Walsh
Sagmeister & Walsh

Designerin und Art Director, vom Art Director's Club „Young Gun" genannt. Walsh unterrichtet außerdem an der School of Visual Arts (NYC) und hält weltweit Vorträge über ihre Arbeit.

New Museum 019

Lotta Nieminen
Art Director & Grafikdesignerin

Nieminen stammt ursprünglich aus Helsinki. Zu ihren Kunden zählen Hermès, *New York Times*, Volkswagen, United Airlines, Monocle, *Newsweek*, *Wired UK* und *Bloomberg Businessweek*.

Jane's Carousel 020

Matthew Waldman
Gründer von Nooka Inc.

Der Designer und Künstler schuf die bekannte Marke Nooka. Seine Arbeiten verbinden Lifestyle mit dem Optimismus des Futurismus. Auf Partys überrascht er damit, dass er fließend Japanisch spricht.

Rockefeller Center 025

41 Cooper Square 021

Lucie Kim
Gründerin von MyORB

Gründerin und Kreativchefin von MyORB. Die Firma kreiert und gestaltet Corporate Identities, Websites, Schriftarten, Bücher, Design-Ausstellungen, Kurzfilme und macht noch viele weitere witzige, kuriose, spannende Sachen.

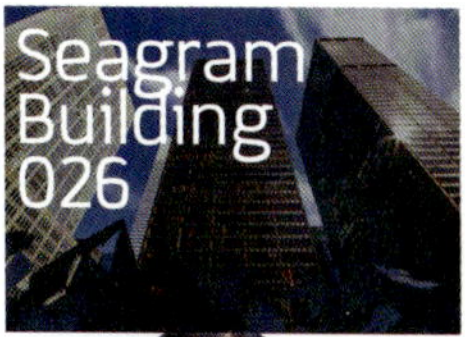

Seagram Building 026

Jing Liu *Architektin, Mitgründerin von SO-IL*

New Yorkerin, Architektin, zweifache Mutter, aus Brooklyn, Weltreisende, dreisprachig, Tänzerin, Feinschmeckerin, über 30, Mitgründerin von SO-IL, chinesischer Akzent mit Südstaaten-Einschlag.

Nathan Sawaya
Künstler

Der gelernte Anwalt erschafft große Skulpturen aus LEGO-Steinen. Er schrieb zwei Bestseller und in seinen Ateliers in New York und Los Angeles besitzt er über 2,5 Millionen bunte Legosteine.

New York Public Library Main Branch 024

Riitta Ikonen
Künstlerin

Sie stammt ursprünglich aus den tiefen Wäldern Ostfinnlands. Nun ist sie nach New York gezogen und realisiert zahlreiche Projekte, meist zusammen mit Fotografinnen.

James A. Farley Post Office 027

1 Central Park

Karte J, S. 110

Die grüne Lunge von NYC ist ein etwa 340 ha großes Meisterwerk der Landschaftsarchitektur, das in den 1850er-Jahren von Frederick Law Olmsted und Calvert Vaux entworfen wurde und heute aus dem Leben der New Yorker nicht mehr wegzudenken ist. 1974 wurde der Park das erste „Landschaftswahrzeichen" der Stadt und soll die am häufigsten gefilmte Location der Welt sein. Zahlreiche Wege und Straßen durchziehen das mit Seen und dichten Baumbeständen gestaltete Areal, es gibt zwei Eisbahnen und im Sommer kann man sogar schwimmen. Das MET sowie das Naturkundemuseum sind ganz in der Nähe.

6–1 Uhr (tägl.)
Central Park, 10028
+1 (212) 310 6600
centralparknyc.org

„Der Duft der Lindenblüten ist wunderbar. Central Park Conservancy bietet schöne Führungen an; den Conservatory Garden nicht vergessen!"

– Frederick Bouchardy, JOYA

2 Brooklyn Bridge Park

Karte C, S.106

Um Ufer des East River erstreckt sich über gut 2 km der Brooklyn Bridge Park. Auf einem ehemaligen Industriegelände können sich die Einwohner Brooklyns nun mit spektakulärem Blick auf Brooklyn Bridge, Hafen und Lower Manhattan auf vielerlei Arten erholen. Zwar sind die Bauarbeiten (Planung: Landschaftsarchitekurbüro Michael Van Valkenburgh Associates) noch nicht abgeschlossen, aber der Park bietet schon viele Liegewiesen, Spiel- und Sportplätze, und in nächster Zeit kommen die Brooklyn Bridge Plaza, weitere Piers sowie Angler- und Bootsanlegestellen hinzu. Der nahe gelegene Shop „Modern Anthology" (Jay Street) ist immer für ein Schnäppchen gut.

6–1 Uhr (tägl.)
334 Furman Street, Brooklyn Heights, 11201
+1 (718) 222 9939
URL *brooklynbridgepark.org*

„Die Brooklyn Bridge ist für mich das Größte, was NY architektonisch zu bieten hat. Rüberlaufen, eine Pizza bei Grimaldis essen und dann per Wassertaxi zurück."

– Jennifer Fisher, Jennifer Fisher Jewelry

3 FDR Four Freedoms Park

Karte A, S. 103 / Karte K, S. 110

Der 1973 entworfene, aber erst im Oktober 2012 eröffnete FDR Four Freedoms Park ist dem früheren US-Präsidenten Franklin D. Roosevelt gewidmet. Im Zentrum stehen die vier freiheitlichen Grundwerte (Freiheit der Rede und der Meinungsäußerung, Freiheit des religiösen Bekenntnisses, Freiheit von Not und Befreiung von Furcht), die Roosevelt 1941 in seiner Rede zur Lage der Nation formulierte. Der mit der Planung beauftragte Architekt Louis Kahn starb kurz nach der Fertigstellung. Zu Ehren des Präsidenten wurde die Insel zu Projektbeginn „Roosevelt Island" getauft.

9–17 Uhr (Mi–Mo)
1 FDR Four Freedoms Park, Roosevelt Island, 10044
+1 (212) 204 8831
fdrfourfreedomspark.org

„Der Entwurf selbst entstammt einer vergangenen Ära, aber mit seiner Schlichtheit und der klaren Symmetrie wirkt der Park zeitgenössisch."

– Keegan McHargue

4 The High Line

Karte A, S. 102

Die Hochbahntrasse, auf der ab den 1930er-Jahren Güterzüge fuhren, wurde zu einer begrünten Flaniermeile umgebaut, von der aus sich architektonische Highlights wie Jean Nouvels Glasfenster-Fassade, Shigeru Bans Metalljalousien-Front oder Frank Gehrys Bürogebäude betrachten lassen. Am südlichen Ende liegt das von Renzo Piano entworfene Whitney Museum of American Art. Der von James Corner Field Operations, Diller Scofidio + Renfro und Piet Oudolf gestaltete Park wurde mit einheimischer Vegetation bepflanzt und bietet täglich Erholung für jedermann.

7–22 Uhr, –23 Uhr (Juni–Sept.), –19 Uhr (Dez.–März)
Gansevoort Street bis W. 34th St., Manhattan, 10011 *+1 (212) 500 6035* URL *thehighline.org*
Bei schlechtem Wetter evtl. geschlossen.

„Die Sonne geht im Westen unter, hier kann man also ganz wunderbare Sonnenuntergänge genießen!"

– jeffstaple, Staple Design

5 Tribeca Synagogue

Karte B, S. 104

Die frühere „Synagogue for the Arts" ist eine Mischung aus regulär betriebener Synagoge und Kunstgalerie. Das einstige Industrieviertel Tribeca hat sich zum gehobenen Stadtteil in Lower Manhattan entwickelt. Das Gebäude für die 1938 gegründete Synagoge mit Gemeindezentrum hat William Breger entworfen, ein Schüler von Walter Gropius (1883–1969). Die 1967 fertiggestellte, massive, geschwungene Fassade wurde bewusst zurückgesetzt, damit sie sich besser in ihre Umgebung einfügt. Der Kultraum im Innern hat eine ausgeklügelte Akustik und wird von Oberlichten erhellt.

Nur nach Vereinbarung
49 White Street, Tribeca, 10013
+1 (212) 966 7141
URL *tribecasynagogue.org*

6 New Museum

Karte B, S. 105

Die Architekten, die das Gebäude des New Museum konzipierten, Kazuyo Sejima und Ryue Nishizawa von SANAA, beschrieben den Entwurf als Antwort auf die besondere Individualität, die sowohl das Museum als auch die mehrgeschossige Umgebung auszeichnen. Sie wollten innerhalb der engen baulichen Grenzen offene, flexible und lichtdurchflutete Räume unterschiedlicher Atmosphäre und Höhe schaffen. Der 53 m hohe Bau mit der schimmernden Fassade ähnelt übereinander gestapelten Kisten und überragt die Nachbarhäuser entlang der Bowery. Vielleicht beschreibt das Gebäude selbst am besten, welche neuen Ideen zeitgenössischer Kunst hier versammelt sind.

11–18 Uhr (Di, Mi, Fr–So), –21 Uhr (Do)
$18/15/12/Pay-as-you-wish (Do: 19–21 Uhr)
235 Bowery, Manhattan, 10002
+1 (212) 219 1222 URL newmuseum.org
Kostenl. Führung: 12.30 (Di–So), 15 Uhr (Do, Sa, So)

„Interessantes Gebäude mitten in Soho. Die Ausstellungen sind sehenswert, und es gibt gute Läden und Restaurants in der Gegend."

– Jessica Walsh, Sagmeister & Walsh

7 Jane's Carousel

Karte C, S. 107

Nach jahrzehntelanger aufwendiger Restaurierung durch Jane Walentas prangt dieses hundert Jahre alte Karussell nun am Ufer des East River. Eingerahmt von der Williamsburg Bridge im Norden, der Brooklyn Bridge im Süden und Manhattans Skyline im Hintergrund, schützt nun ein gläserner Pavillon des Pritzker-Preisträgers Jean Nouvel das alte Schmuckstück. In drei Reihen sind 48 geschnitzte Pferde und Wagen angeordnet, die ursprünglich im Idora Park in Youngstown, Ohio standen.

Mitte Mai bis Mitte Sept.: 11–19 Uhr (Mi–Mo); Mitte Sept. bis Mitte Mai: –18 Uhr (Do–So) $ *$2*
Old Dock Street, Dumbo, Brooklyn, 11201
+1 (718) 222 2502 URL *janescarousel.com*

„Der Blick vom Brooklyn Bridge Park ist schon toll, aber die Aussicht zu genießen, während man Karussell fährt, ist noch besser."

– Lotta Nieminen

41 Cooper Square

8

Karte B, S.105

41 Cooper Square ist das erste LEED-zertifizierte akademische Forschungsgebäude in NYC. Der Entwurf von Pritzker-Preisträger Thom Mayne (Morphosis Architects) verweist mit seiner auffälligen Erscheinung und den technischen Finessen auf die umweltbewussten Grundsätze der Cooper Union Foundation, die kostenlose Kunst-, Architektur- und Ingenieursstudiengänge anbietet und den interdisziplinären Dialog fördert. Die ökologische Bauweise zeigt sich u.a. in der Raumhöhe des Atriums für mehr Tageslichteinfall und einem Blockheizkraftwerk zur Energiegewinnung und Abwärmenutzung.

7.30–2 Uhr (Mo–Do), –24 Uhr (Fr, Sa), 12–2 Uhr (So)
3rd Ave. zw. 6th & 7th Street, East Village, 10003
+1 (212) 353 4100 URL *cooper.edu*

„Das 2009 fertiggestellte Gebäude zählt zu den wenigen Architektur-Zuwächsen, die wirklich funktionieren. Auf der langen Treppe kann man sich gemütlich niederlassen."

– Lucie Kim , MyORB

9 New York Public Library, Hauptgebäude

Karte A, S.103

Das 1911 eröffnete „Stephen A. Schwarzman Building", wie das Gebäude heißt, hat einen bemerkenswerten Bestand an geisteswissenschaftlichen Werken. Das von Carrère & Hastings im Beaux-Arts-Stil entworfene Gebäude ist auch für seinen eindrucksvollen Lesesaal, den Rose Main Reading Room, bekannt. Norman Fosters Plan, 2013 die charakteristischen Regale zu ersetzen, wurde nach heftiger Kritik zurückgezogen. Die Namen der Marmorlöwen, „Patience" und „Fortitude", gehen auf Bürgermeister Fiorello LaGuardia zurück, der damit die Qualitäten beschwor, die man für das Überleben in den 1930er-Jahren brauchte.

8–18 Uhr (Fr), –20 Uhr (Mo–Do),–21 Uhr (Di, Mi), 10–17 Uhr (So), –18 Uhr (Sa)
476 Fifth Avenue (Eingang 42nd Street), Murray Hill, 10018
+1 (212) 340 0863 URL *nypl.org*
Kostenlose Führungen: 11 & 14 Uhr (Mo–Sa)

„Die Löwen kennen Sie vielleicht aus Ghostbusters. Zum 100. Geburtstag der Bibliothek habe ich sie aus LEGO-Steinen nachgebaut. Sie stehen in der Lobby!"

– Nathan Sawaya

10 Rockefeller Center

Karte A, S. 103

Aus John D. Rockefeller Juniors Wohltätigkeitsprojekt, ein Kulturzentrum in Midtown Manhattan zu bauen, wurde das Rockefeller Center. Der Komplex umfasst 14 Bürogebäude aus den 1930er-Jahren im Art-déco-Stil und vier Türme im Internationalen Stil, die in den 1960er- und 70er-Jahren entstanden. Kunst spielte immer eine wichtige Rolle für das Ensemble, z. B. in Gestalt von Bauplastiken wie *News* (1904) von Isamu Noguchi (1904–88) und *Atlas* (1937) von Lee Lawrie (1877–1963). Herzstück des Komplexes ist das Comcast Building (früher GE Building, 30 Rockefeller Plaza), von dessen Aussichtsplattform in 259 m Höhe, „Top of the Rock", einem der Big Apple zu Füße liegt.

45 Rockefeller Plaza, Manhattan, 10111
+1 (212) 332 6868
rockefellercenter.com
Top of the Rock: 8–24 Uhr (tägl.), topoftherocknyc.com, $ 34 / 32 / 28

„Man hat einen herrlichen Blick auf Manhattan und das Empire State Building vom ‚Top of the Rock' aus! Im Winter ist die Eisbahn ein Muss für NYC-Touristen."

– Matthew Waldman, Nooka Inc.

11 Seagram Building

Karte A, S. 103

Mit seiner Curtain Wall (Vorhangfassade) aus bronzefarbenen Trägern und getönten Scheiben verkörpert der 1958 fertiggestellte, 38-stöckige Wolkenkratzer Ludwig Mies van der Rohes (1886–1969) das Diktum „Weniger ist mehr". Passend zur wachsenden Marktmacht der Seagram Liquor Company, erwies sich Mies' erstes großes Projekt in New York als sehr einflussreich. Der offene Platz vor dem Gebäude betont die Präsenz des Gebäudes im Großstadtdschungel. Mies' Schüler Philip Johnson (1903–2005) entwarf die Lobby und das berühmte Four Seasons. Das Restaurant ist zwar nicht mehr da, aber seine Bar und die Richard-Lippold-Skulptur blieben im Nachfolger The Grill erhalten.

375 Park Ave., Midtown East, 10152
375parkavenue.com

„Bei einem Spaziergang entlang der Park Avenue von MetLife bis Seagram kann man New York von seiner eitelsten Seite kennenlernen."

– Jing Liu, SO-IL

12 James A. Farley Post Office

Karte A, S. 102

Das Hauptpostamt von NYC, früher wichtigstes Briefzentrum der US-Post, soll künftig als Eingangshalle für die Pennsylvania Station auf der Eighth Avenue fungieren. Beide wurden 1912 von den Architekten McKim, Mead and White entworfen. Das 1982 nach dem 53. Postmaster benannte Granitgebäude ist berühmt für seine Kolonnade und die Inschrift an der Fassade, ein übersetztes Zitat aus den *Historien* des Herodot. Das historische Gebäude soll geöffnet bleiben, bis die Eingliederung in den neuen Bahnhof Moynihan Station abgeschlossen ist.

7–22 Uhr (Mo–Fr), 9–21 Uhr (Sa), 11–19 Uhr (So)
421 8th Avenue, Chelsea, 10001
+1 (212) 330 3296
URL *uspspostoffices.com/ny/new-york/james-a-farley*

„Im Farley-Postamt fand die ‚Operation Santa' statt, die durch den Filmklassiker Das Wunder von Manhattan (1947) *berühmt wurde."*

– Riitta Ikonen

Jim
Kempner
Fine
Art
David Mitchell
Photographs

Kunst & Kultur

Museen, Galerien und Skulpturenparks

In New York findet man Kunstwerke nicht nur innerhalb von Gebäuden. Dank des Gesetzes „Percent for Art" (die US-Variante von „Kunst am Bau"), muss bei städtischen Bauvohaben ein Prozent der Baukosten für öffentlich zugängliche Kunstwerke und Organisationen wie den Public Art Fund aufgewendet werden. Für Kunstliebhaber lohnt es sich daher, in allen fünf Stadtteilen nach Outdoor-Skulpturen und ortsspezifischen Kunstprojekten Ausschau zu halten, etwa Robert Indianas Skulptur LOVE *(1359 Ave. of the Americas, Midtown East, 10019)*. Picknicken Sie unter Piccasos „Bust of Sylvette" vor I. M. Peis „Silver Towers" *(Greenwich Village, 10012)*, besuchen Sie den Socrates Sculpture Park *(32-01 Vernon Blvd., Long Island City, 11106)* oder machen Sie einen Ausflug zum Storm King Art Center (#13) und ins Dia:Beacon (*3 Beekman Street, Beacon, 12508*). Weitere surreale Erlebnisse bieten Walter de Marias (1935–2013) Dauerausstellungen „The Earth Room" *(141 Wooster Street, SoHo, 10012)* und „The Broken Kilometer" *(393 W. Broadway, SoHo, 10012)*. Das Brooklyn Navy Yard Center im BLDG 92 *(63 Flushing Ave., Brooklyn, 11205)* hat ebenfalls einen Platz auf der Sightseeing-Liste verdient; neben dem Museum ist vor allem die Foto-Tour zu empfehlen. Die meisten Galerien sind sonntags überfüllt; und um Klassiker wie Guggenheim (#17), Met, MoMA und American Museum of Natural History sollte man am Wochenende generell einen Bogen machen.

Chelsea Art District, S. 040

Sean Dougherty
Kreativchef bei Brand New School

Der Creative Director leitet das New Yorker Büro von Brand New School. Er lebt in Brooklyn und freut sich über die aktuellen Entwicklungen am dortigen Food-Markt.

Storm King Art Center 032

Vahram Muratyan
Grafiker

Der französische Grafiker ist der Autor des Buches *Paris versus New York: A Tally of Two Cities.*

The Invisible Dog Art Center 038

MoMA PS1 033

Laurent Barthelemy
Animator & Designer

Er kam in einer südfranzösischen Kleinstadt zur Welt, lebt aber nun mit seiner Frau Shizuka und der vierjährigen Tochter June in New York City.

The Guggenheim 039

Alex Lin
Gründer von Studio Lin

Creative Director von Studio Lin. Nach seinem Abschluss (MFA) in Grafikdesign in Yale arbeitete Lin sechs Jahre lang bei der Designfirma 2x4.

Craig Redman
Grafikdesigner, Craig & Karl

Schöpfer von Darcel Disappoints und die eine Hälfte von Craig & Karl.

The Hole 036

Hugo & Marie
Kreativ- & Designagentur

Die von Jennifer Marie Gonzalez und Mario Hugo Gonzalez gegründete Agentur Hugo & Marie vermittelt Art Directors, Illustratoren und Designer und bietet kreative Dienstleistungen für Kunden, Studios und Brands.

Chelsea Art District 040

TOMAAS
Fotograf

Mode- und Beautyfotograf, dessen kinematografische, surreale, aber dennoch realistische Bilder weltweit in Publikationen und Galerien zu sehen sind.

The Frick Collection 042

Jay Brannan *Sänger, Songwriter & Schauspieler*

Jay Brannan singt, schreibt eigene Songs und arbeitet als Schauspieler. Der Texaner wohnt seit 2003 in Manhattan.

Rooftop Films 045

The Met Cloisters 043

Kumi Yamashita
Künstlerin

Die in Japan geborene Künstlerin lebt und arbeitet in NYC und liebt fast jede Minute davon!

The Noguchi Museum 046

Karim Rashid
Produktdesigner

In der Freizeit liebäugelt der erfolgreiche Designer mit Kunst, Mode und Musik und hat vor, jeden Aspekt unserer physischen und virtuellen Landschaft kreativ zu streifen.

Thomas Chen
Gründer von Emmanuelle

Modeschöpfer und Gründer des in NY ansässigen Modelabels Emmanuelle.

Film Society of Lincoln Center 044

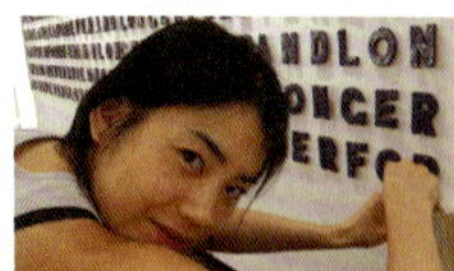

Julia Chiang
Künstlerin

Sie liebt ihre Freunde, ihre Familie, ihren Hund, Sonnenschein, Süßigkeiten, laute Musik, Fahrradfahren, Blumen, Info-Radio und Reisen, sie lernt gern Neues und mag die Menschen und die Energie New Yorks.

Brooklyn Academy of Music 047

13 Storm King Art Center

Karte M, S. 111

Storm King ist eine Open-Air-Galerie mit über 100 plastischen Werken, die in eine idyllische Landschaft eingebettet sind, etwa eine Autostunde (bzw. 1,5 Stunden per Coach USA) vom Trubel der City entfernt. Die Werke (Nachkriegszeit bis Gegenwart) umfassen Schenkungen, Erwerbungen und Auftragswerke, darunter auf den Ort zugeschnittene, sehr großformatige Skulpturen, oft aus Stahl, sowie figurative Arbeiten aus Stein, Erde und anderen Materialien. Die verschiedenen Bereiche können zu Fuß, per Rad oder Straßenbahn (gratis) erkundet werden. Mindestens 4 Stunden einplanen!

- *10–17.30 Uhr (Mi–So, April–November)*
- *$18/15/8*
- *1 Museum Road, New Windsor, 12553*
- *+1 (845) 534 3115*
- *stormking.org*

„Abgesehen von der Kunst, ist es auch einfach schön, draußen zu sein, im Wald und auf den Wiesen. Nur in den Schönwettermonaten geöffnet."

– Sean Dougherty, Brand New School

14 MoMA PS1

Karte K, S. 110

Die von Alanna Heiss in den 1970er-Jahren gegründete Institution P.S.1 ging aus einer Initiative hervor, die leer stehende Gebäude in NYC für Kunstausstellungen nutzte. Im Jahr 2000 wurde das PS1 an das MoMA angegliedert und entwickelte sich zu einem weltweit führenden Ausstellungsraum für zeitgenössische Kunst. In den ehemaligen Klassenräumen eines über hundert Jahre alten Schulgebäudes sind aufstrebende Künstler, neue Genres und experimentelle, innovative Arbeiten von bekannten Künstlern zu sehen. Im Sommer lockt die Musik- und Partyreihe „Warm Up" Tausende Kunst- und Musikfans an; und im Herbst findet im MoMa PS1 die Kunstbuchmesse NY Art Book Fair statt, präsentiert von Printed Matter, Inc.

12–18 Uhr (Do–Mo) außer Thanksgiving, Weihnachten & Neujahr $ *$10/5*
22–25 Jackson Ave., Long Island City, 11101
+1 (718) 784 2084
URL *momaps1.org*

„Früh kommen, Kunst anschauen und dann den Rest des Tages tanzen und Party machen."

– Laurent Barthelemy

PS1

MoMA PS1
P.S.1

15 The Hole

Karte B, S. 105

Die Künstlerin und Galeristin Kathy Grayson, die früher die ambitionierte Galerie Deitch Projects leitete, hat mit ihrem treffsicheren Blick für neue Kunst „eine Lücke in der Downtown-Community geschlossen". Graysons The Hole Shop direkt neben dem Ausstellungsraum führt alle möglichen Bücher, Magazine, Poster und andere Künstlererzeugnisse. Viele der hier vorrätigen Publikationen spielen mit Lese-, Schreib-, Seh- und Interpretationsgewohnheiten. Die Galerie zeigt jeden Monat zwei Ausstellungen parallel.

12–19 Uhr (Mi–So) und n. Vereinb.
312 Bowery, NoHo, 10012
+1 (212) 466 1100
URL *theholenyc.com*

„Mein Atelier ist gleich nebenan, ich schau daher oft bei Vernissagen vorbei. Die Künstler, die hier gezeigt werden, sind meist schwer im Kommen!"

– Craig Redman, Craig & Karl

16 The Invisible Dog Art Center

Karte F, S. 108

Dieses 2009 eröffnete Kunstzentrum ist weder kommerzielle Kunstgalerie noch konzeptgesteuerte Non-Profit-Organisation. Das riesige ehemalige Fabrikgebäude aus dem Jahr 1863 bietet Künstlern auf 2.800 Quadratmetern eine Spielwiese für standortspezifische Experimente und Kooperationen. Das Ergebnis sind kraftvolle, einzigartige Projekte, ein spannender Mix aus interdisziplinären Installationen und Live-Performances. Im Erdgeschoss sind die Werke der unterschiedlichen Künstler zu sehen, in den Etagen darüber befinden sich Ateliers. Im Keller finden Live-Performances und andere Veranstaltungen statt.

13–19 Uhr (Do–Sa), –17 Uhr (So)
51 Bergen Street (zw. Smith & Court Street), Boerum Hill, 11201
+1 (347) 560 3641
theinvisibledog.org
Di, Mi: nur nach Vereinbarung

„Die Veranstaltungen sind immer überraschende, sehr inspirierende Events, nicht verpassen!"

– Vahram Muratyan

17 Guggenheim Museum

Karte J, S. 110

Mit bedeutenden Werken des Impressionismus, Post-Impressionismus und der frühen Moderne ist das Solomon R. Guggenheim Museum zugleich lebendiges Kulturzentrum, Bildungseinrichtung und Herz des weltweiten Museum-Netzwerks. Mit seinem bahnbrechenden, an ein Schneckenhaus erinnernden Eingangsbereich wollte Frank Lloyd Wright (1867–1959) erreichen, dass sich große Menschenmassen (die er verabscheute) rasch zerstreuen. Die nach innen offene, spiralförmig ansteigende Rampe ermöglicht den Blick auf Kunstwerke mehrerer Ebenen gleichzeitig.

10–17.45 Uhr (Fr, So–Mi), –19.45 Uhr (Sa)
$25 / 18 / pay-as-you-wish (Sa: 17.45–19.45 Uhr)
1071 5th Ave. (zw. 88th & 89th Street), Upper East Side, 10128 *+1 (212) 423 3500* URL *guggenheim.org* *Tägl. öffentl. Führung: 14 Uhr*

„Am besten unter der Woche hingehen, am Wochenende wird es extrem voll."

– Alex Lin, Studio Lin

18 Chelsea Art District

Karte A, S. 102

Chelseas Galerien sind das Herz der zeitgenössischen New Yorker Kunstszene. In einem Radius von sechs Häuserblocks zeigen über 200 etablierte und neue Galerien Werke von Künstlern der Stadt und ermöglichen einen einfachen und kostenlosen Zugang zu alter und neuer Kunst. Wer sich mehr für Design und Kunstgewerbe interessiert, ist im Cooper Hewitt, Smithsonian Design Museum richtig. Es empfiehlt sich, die Öffnungszeiten der Galerien vorab zu prüfen, denn die meisten haben sonntags und im Sommer geschlossen.

West 18th–29th Street (rund um 10th & 11th Ave.), Chelsea, Manhattan, 10001 & 10011

„Nicht alles, was hier zu sehen ist, gefällt einem, aber das soll es auch gar nicht."

– Hugo & Marie

ANDREA

STUX
JAECKEL GALLERY
Winston Wächter
Agora Gallery
PACE
PACE

Marks

PACE
PACE

19 Frick Collection

Karte J, S. 110

Die Frick Collection befindet sich in einer Villa, die der Industriemagnat Henry Clay Frick (1849–1919) im frühen 20. Jahrhundert erbauen ließ und die an sich bereits als Kunstwerk gilt. Das Museum beherbergt eine kleine, aber beeindruckende Sammlung alter Meister, europäischer Skulpturen und kunstgewerblicher Objekte, darunter Meisterwerke von Bellini, Rembrandt, Vermeer, Gainsborough, Goya und Whistler. Direkt nebenan befindet sich die Frick Art Reference Library, die Helen Clay Frick 1920 zum Andenken an ihren Vater gründete.

10–18 Uhr (Di–Sa), 11–17 Uhr (So)
$ 22/17/12/Pay-as-you-wish (Mi: 14–18 Uhr)
1 East 70th Street, Lenox Hill, 10021
+1 (212) 288 0700 URL *frick.org*
Jeden 1. Freitagabend freier Eintritt (18–21 Uhr), außer September & Januar

„Bei Kunst- und Architektur-Interessierten New-York-Besuchern steht die Frick Collection an erster Stelle. Kunstliebhaber geraten hier ins Schwärmen."

– TOMAAS

20 The (Met) Cloisters

Karte O, S. 111

The Cloisters („Die Kreuzgänge"), eine Zweigstelle des Metropolitan Museum of Art (Met) auf einem Hügel oberhalb des Hudson River im nördlichsten Zipfel von Manhattan, widmet sich der (größtenteils west-)europäischen Kunst und Architektur des Mittelalters. Die Gärten und architektonischen Elemente sind katalanischen, okzitanischen und französischen Klöstern nachempfunden. Die Sammlung umfasst u. a. Skulpturen, Glasmalereien, Gemälde, illuminierte Handschriften und Gobelins, darunter auch die berühmten sieben Wandteppiche „Die Jagd auf das Einhorn".

Tägl. 10–17.15 Uhr (März–Okt.), –16.45 Uhr (Nov.–Feb.)
$ 25/17/12 · *99 Margaret Corbin Drive, Fort Tryon Park, 10040* · *+1 (212) 923 3700*
metmuseum.org/visit/met-cloisters
Gallery Talks: 12 & 14 Uhr (Sa & erster So, gratis)

„Ein Ort der stillen Kontemplation, man fühlt sich wie verzaubert. Genug Zeit einplanen, um in aller Ruhe im Innenhof in der Sonne zu sitzen!"

– Kumi Yamashita

21 Film Society of Lincoln Center

Karte J, S. 110

Die Film Society, die das berühmte New York Film Festival und das Festival New Directors/ New Film ausrichtet, ist eine von 11 Organisationen im Lincoln Center for the Performing Arts. Das ganze Jahr über werden neue Filme, Retrospektiven und Filme aus dem Archiv gezeigt, von Mainstream über Arthouse bis Avantgarde, teils lokal produziert, teils aus aller Welt. Das Filmprogramm läuft oft im Elinor Bunin Munroe Film Center und im Walter Reade Theater (144 & 165 W. 65th Street).

30 Min. vor der 1. Vorführung bis 15 Min. nach Beginn der letzten
Preise variieren je nach Film
144 & 165 W. 65th St., Manhattan, 10023
+1 (212) 875 5610 URL *filmlinc.org*

„Grandiose Kinoprogramme, gerade im Hinblick auf Raritäten. Die Anfangszeiten gibt's online."

– Thomas Chen, Emmanuelle

22 Rooftop Films

Rooftop Films ist ein nicht gewinnorientiertes Filmfestival, bei dem an unterschiedlichen Orten unter freiem Himmel Underground- und Kurzfilme gezeigt werden, häufig mit Live-Musik im Vorprogramm. Manchmal gibt es sogar Popcorn umsonst und eine Getränketheke. Die 1997 von Kurator und Filmemacher Mark Elijah Rosenberg gegründete Organisation engagiert sich auch für unabhängige Filmproduktionen, indem sie Kurse gibt und günstig Equipment verleiht. Die Summer Series von Mai/Juni bis August/September bespielen u. a. Coney Island Beach und die NYC Town Hall.

Uhrzeit & Ort variieren je nach Programm
+1 (718) 417 7362
URL *rooftopfilms.com*

„Das Open Road Rooftop auf dem Dach der alten New Design High School (360 Grand Street) ist besonders eindrucksvoll: toller Blick über Manhattan, tolle Graffitis."

– Jay Brannan

23 Noguchi Museum

Karte L, S. 111

Das von Isamu Noguchi (1904–1988) gegründete und von der Isamu Noguchi Foundation geführte Museum beherbergt die weltweit größte Sammlung von Noguchis Skulpturen, Architekturmodellen, Bühnendekorationen, Zeichnungen, Möbeln und Lampen sowie sein gesamtes Archiv. Das 1985 eröffnete Museum zeigt, was der japanisch-amerikanische Künstler als essenziell für sein Lebenswerk erachtete. Dies wird auch im Design des Museums deutlich. Im Erdgeschoss befinden sich Galerien, im Garten eine von Noguchi kuratierte Dauerausstellung; in der oberen Etage kann man sich im Rahmen eines wechselnden Programms näher mit Noguchis Werk befassen.

10–17 Uhr (Mi–Fr), 11–18 Uhr (Sa, So) außer Thanksgiving, Weihnachten & Neujahr
$10/5/jeden 1. Freitag freier Eintritt
9-01 33rd Road, Long Island City, 11106
+1 (718) 204 7088 URL *noguchi.org*
Kostenl. Führung (EN/JP): 14 Uhr (Mi–So)

„Ein wahres Paradies aus organischen Skulpturen. Noguchi hat mich schon immer inspiriert, und sein Museum ist ein echter Geheimtipp in New York."

– Karim Rashid

24 Brooklyn Academy of Music

Karte F, S. 108

Das Off-Broadway-Kulturzentrum BAM genießt in New York City fast schon Kultstatus. In den 150 Jahren ihres Bestehens hat diese Institution Tausende von Spielplänen präsentiert, mit Tanz, Musikkonzerten, Oper, Film und Theater. Hier stehen so unterschiedliche Dinge auf dem Programm wie ein Edward-mit-den-Scherenhänden-Ballett, ein Akustik-Konzert von Jeff Mangum und Sufjan Stevens instrumentales Lichtspektakel The Planets. Von den drei Spielstätten ist das Peter Jay Sharp Building die älteste. 1908 von Herts & Tallant entworfen, enthält es ein großes Opernhaus.

Anfangszeiten variieren je nach Programm
Peter Jay Sharp & Abendkasse: 30 Lafayette Ave. / Harvey Theater: 651 Fulton Street / Fisher: 321 Ashland Place, Brooklyn, 11217
+1 (718) 636 4100 URL *bam.org*

„Die Liveshows sind hier sofort ausverkauft, man muss schnell zugreifen. Für Filmvorführungen empfehle ich das Kino mit der großen Leinwand."

– Julia Chiang

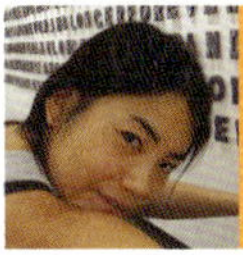

THE BROOKLYN ACADEMY OF MUSIC
1859
2013
Next
Wave
ASHLAND

OPERA

Märkte & Läden

New Yorker Design, internationale Fundstücke und Streetfood

Die sicherste Methode, in New York City nicht vollkommen pleite zu gehen, ist, die Kreditkarten zu Hause zu lassen! Wer sich an hübschen Kleinigkeiten erfreuen kann, sollte Tender Buttons (#35) besuchen und die vielfältigen, oft exquisiten Knopfsammlungen begutachten. Top Hat NYC *(245 Broome Street, Lower East Side, 10002)* und Matter (#27) bieten hübsche Wohn-Accessoires, Chelsea Flea Market (#25) und Brooklyn Flea (#33) originelle Souvenirs und leckeres regionales Essen. Für die Garderobe gibt es bei Creatures of Comfort *(205 Mulberry Street, Nolita, 10012)* Indie-Labels aus Europa und den USA, das passende Wochenend-Outfit bei Saturdays NYC (#38); und natürlich sollte man sich New Yorker Labels wie Proenza Schouler, Alexander Wang oder Derek Lam nicht entgehen lassen. Wer ausgefallene, unkonventionelle Bücher oder Magazine und sonstige Raritäten sucht, könnte im Strand Book Store (#32) oder bei Printed Matter (*231 11th Ave., Chelsea, 10001*) fündig werden, aber auch Bookmarc von Marc Jacobs (*400 Bleecker St., West Village, 10014*) bietet schier unendliche Einkaufsmöglichkeiten. Danach empfiehlt es sich, die glitzernde Konsumwelt im Russian & Turkish Baths (*268 East 10th Street, 10009*) herauszuschwitzen. Das schlichte Saunaparadies hat das ganze Jahr über bis 22 Uhr geöffnet.

Brooklyn Flea, S. 064

Greg Armas
Gründer von Assembly New York

Der ehemalige Galeriekurator ist nun als Retailer und Designer tätig. Er zog vor fünf Jahren von LA nach NYC und geht nachts nicht vor drei Uhr ins Bett – wegen New York.

Chelsea Flea Market 054

Apartment One
Kreativagentur

Im engen Austausch mit ihren Kunden verleiht die Agentur deren Marken Präsenz und Glaubwürdigkeit. Energie schöpft sie aus kreativen Partnerschaften und dem Ansporn, das Beste aus einer Sache herauszuholen.

Cloak & Dagger 058

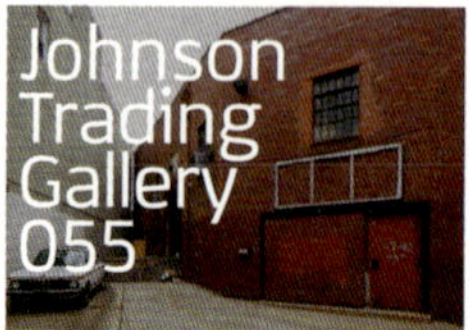

Johnson Trading Gallery 055

Willy Wong
CCO von NYC & Company

Als CCO von NYC hat er das Privileg, gemeinsam mit großartigen Partnern an fantastischen Projekten zu arbeiten; und das für die aufregendste Stadt der Welt: New York. Willy Wong auf Twitter: @wwong

Desert Island 059

Chris Golden
Designer

Der Designer hat sich auf Collagen, Illustrationen, Videos und Installationen spezialisiert. Derzeit ist er freiberuflich tätig und arbeitet für Cartoon Network / Adult Swim.

Roanne Adams
Gründerin von RoAndCo Studio

Adams studierte an der Parsons School of Design und arbeitete für Wolff Olins, bevor sie 2006 RoAndCo gründete. Heute lebt sie mit ihrem Mann Johnny und Tochter Phaedra in Brooklyn.

Matter 056

Juliana Sohn
Fotografin

Die Fotografin und Mutter arbeitet gerne mit den Händen. Sie schätzt gutes Essen in schöner Umgebung und netter Gesellschaft.

Jill Platner 060

Mike Joyce
Gründer von Stereotype Design

Der Gründer von Stereotype Design lebt und arbeitet im West Village von NYC und weigert sich, Hochzeitseinladungen zu gestalten.

Powerhouse @ The Archway 062

Manuel Garza *Mitgründer von et al. collaborative*

Garza stammt ursprünglich aus Texas. Nach einem Zwischenstopp in Detroit lebt der außerordentliche Professor für Architektur und Design am New York Institute of Technology nun seit etwa zehn Jahren in Brooklyn.

Crest Hardware 065

Strand Book Store 063

Yuko Shimizu
Illustratorin

Die japanische Illustratorin lebt seit über 15 Jahren in NY. Sie lehrt an der School of Visual Arts und hat immer ihren Hund Bruiser dabei. Lieblingshobby: Weltreisen.

Tender Buttons 066

Craig Ward
Art Director

Der britische Designer und Art Director von The Words are Pictures Studio ist vor allem für seine typografischen Arbeiten bekannt, die weltweit in Publikationen und Ausstellungen zu sehen sind.

Tara McPherson
Malerin und Illustratorin

McPherson malt, entwirft Rock-Poster, Illustrationen, Kunstspielzeug und vieles mehr. Sie liebt die Vielseitigkeit ihrer Arbeit – so ist es jeden Tag aufs Neue spannend, Kunst zu machen.

Brooklyn Flea 064

MOGOLLON
Multimedia-Kreativagentur

Die Gründer Monica Brand und Francisco Lopez konzentrieren sich darauf, visionäre Bildersprachen für internationale Kunden aus den Bereichen Kunst, Film, Musik und Mode zu erschaffen. Mit „mogollón" meint man in Spanien „sehr viel".

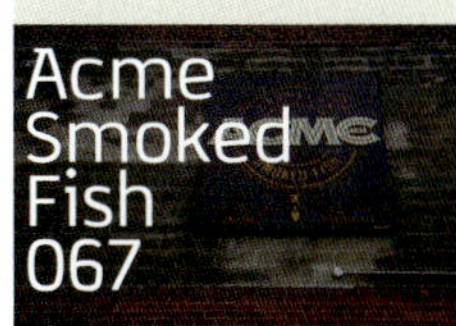

Acme Smoked Fish 067

25 Chelsea Flea Market

Karte A, S. 102

Jedes Wochenende, das ganze Jahr über, verwandelt sich die Straße an dem 150 Jahre alten Gebäudekomplex der Trinity Chapel in einen Ort für Vintage-Schnäppchenjäger. Über 100 Stände bieten alles, von alten Kronenkorken bis 50er-Jahre-Möbel. Unter den Verkäufern sind viele ehemalige Pächter der Antique Garage. Es lohnt sich, sie in ein Gespräch zu verwickeln, sie haben erstaunliche Dinge darüber zu erzählen, wen und was sie schon alles gesehen haben. Mehr Möbel gibt es auf dem Hell's Kitchen Flea Market, entlang des Blocks der 39th Street zwischen 9th und 10th Avenue.

6.30–19 Uhr (Sa, So) $ *$1*
West 25th Street (zw. 6th Ave. & Broadway), Chelsea, 10010 *+1 (212) 243 5343* URL *annexmarkets.com/chelsea-flea-market*

„Lustige Ansammlung von europäischen Antiquitäten und skurrilen Gestalten. Ein gutes Gespräch nutzt hier mehr als alle Feilscherei."

– Greg Armas, Assembly New York

26 Johnson Trading Gallery

Karte N, S. 111

Die Galerie wurde als Forum gegründet, um bedeutende Produktdesignprojekte auszustellen. Heute sind hier ständig Werke von etablierten und neuen Architekten, Designern und Künstlern zu sehen, aber auch Ausstellungen zu wichtigen historischen Design-Strömungen. Kürzlich verlegte Gründer Paul Johnson seine Räumlichkeiten von Tribeca in das 40er-Jahre-Theater in Queens, um seine Sammlung an Vintage- und zeitgenössischen Möbelentwürfen zu zeigen. Vor allem die Werke von Robert Loughlin (1949–2011) sollte man gesehen haben.

47/42 43rd Street, Woodside, 11377
+1 (212) 925 1110
johnsontradinggallery.com
Nur nach Vereinbarung

„Mit dem 7-Train in die 40th Street, und wenn man schon mal hier ist, lohnt eine Stärkung im SriPraPhai, nur vier 7er-Haltestellen weiter östlich."

– Willy Wong, NYC & Company

27 Matter

Karte B, S. 104

Mit seinem ultramodernen Angebot von Beleuchtung und Möbeln bis zu Schmuck und Tapeten ist das Matter nicht nur Design-Shop, sondern Galerie, Showroom und Hersteller in einem. Die sehr spezielle Ausrichtung des Ladens umfasst meist brandaktuelle und oft lokale Möbel- und Produktdesigner, die sonst kaum vertreten sind. Das lockt Architekten und Raumausstatter an, die unangestrengt-stylische Einrichtungsgegenstände suchen. Matter ist eng mit der Design-Community verbunden, weshalb man dort auch Stücke von Fort Standard, Bec Brittain und Jonah Takagi zu sehen bekommt.

10–18 Uhr (Mo–Fr), Sa nur nach Vereinbarung
405 Broome Street, Nolita, 10013
+1 (212) 343 2600 URL *mattermatters.com*

„Die Eigenmarke Matter-Made kreiert tolle Beleuchtungslösungen und Möbel."

– Roanne Adams, RoAndCo Studio

28 Cloak & Dagger

Karte B, S. 105

Ihr eigenes Modelabel Cloak & Dagger gründete Brookelynn Starnes 2006 aus dem Wunsch heraus, Kleider zu entwerfen, die Spaß machten und gleichzeitig bequem, chic und raffiniert waren. Ihr Gespür für gute Schnitte vereint die Designerin mit fantasievollen Kombinationen, ausgefeilten Details, besonderen Mustern und edlen Stoffen. In der Filiale im trendigen East Village lockt Cloak & Dagger mit hochwertiger Damenmode und Vintage-Stücken aus der ganzen Welt. Online erfährt man, wann es neue Ware gibt, die vor Ort anprobiert wird.

12–20 Uhr (Mo–Fr), 11– (Sa), 11–19 Uhr (So)
334 East 9th St., East Village, 10003
+1 (212) 673 0500
URL *cloakanddaggernyc.com*

„Hier gibt es die beste Mischung aus Designer- und Vintage-Stücken. Es lohnt sich, bei Brookelynn vorbeizuschauen!"

– Apartment One

29 Desert Island

Karte I, S.109

Desert Island ist, ungeachtet des Namens, eine bunte Welt aus Comics und Kunst, randvoll mit Kunstdrucken, Magazinen, Comics und Postern für jeden Geschmack. Der Laden präsentiert eine ausgewogene Mischung aus etablierten, aufstrebenden und Underground-Künstlern, Illustratoren und Designern. Oft ergattert man hier alte Klassiker und Raritäten, die sonst kaum zu finden sind. Der Shop bringt eine eigene kostenlose Zeitung namens *Smoke Signal* heraus, deren Inhalt und Cover jedes Mal von anderen Künstlern gestaltet werden.

12–21 Uhr (Mo–Sa), –19 Uhr (So)
540 Metropolitan Ave., Williamsburg, 11211
+1 (718) 388 5087
desertislandbrooklyn.com

„Toller kleiner Comic- und Kunst-Laden! Und wer sich für Dance Music begeistert, wird nebenan beim Fools Gold Record Store sicher fündig werden."

– Chris Golden

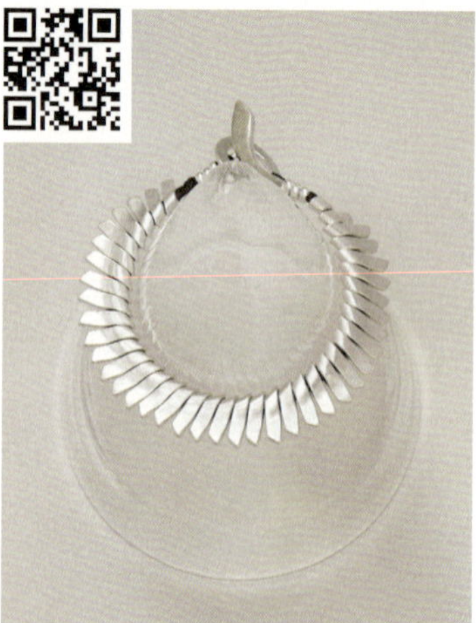

30 Jill Platner

Karte B, S. 104

Seit beinahe 30 Jahren widmet sich Jill Platner, Künstlerin durch und durch, handgemachtem Schmuck in New York. Ihre minimalistischen, ästhetischen Stücke aus Sterling-Silber und 19-karätigem Gold sind von organischen und urbanen Formen inspiriert. Sobald man sie anlegt, erwachen sie zum Leben. Jedes der begehrenswerten Schmuckstücke, die im luftigen Showroom zu sehen sind, wurde von Goldschmieden in der Werkstatt über dem Laden gefertigt. Hier ist (fast) für jeden etwas dabei, sogar für die Wohnung.

12–18 Uhr (Mo–So)
113 Crosby Street, SoHo, 10012
+1 (212) 324 1298
URL *jillplatner.com*

„Schmuck muss man anprobieren! Am Körper erwacht er zum Leben, und etwas, das man von einem Foto her nie ausgesucht hätte, gefällt einem plötzlich."

– Juliana Sohn

31 Powerhouse @ The Archway

Karte C, S. 107

Im riesigen Erdgeschoss des Powerhouse sind die Decken schwindelerregende 7 m hoch; man kann dort wie im Amphitheater sitzen, und im Arena Store stehen Bücher über Kunst, Fotografie, Design und Mode in den Regalen. The Powerhouse Arena wurde von powerHouse Books gegründet. Es finden regelmäßig literarische Veranstaltungen wie Buchvorstellungen und Lesungen statt, die ein bunt gemischtes Publikum anziehen. Auch die Ausstellungen sind immer sehenswert. Und ganz in der Nähe, bei Modern Anthology in der Jay Street, kommen Dandys auf ihre Kosten.

11–19 (Mo–Fr), –18 (So), 10–19 Uhr (Sa)
28 Adams Street, Brooklyn, 11201
+1 (718) 666 3049
powerhousearena.com

„Es lohnt sich, durch DUMBO zu bummeln. Das Brooklyner Viertel bietet einen fantastischen Blick auf die Brooklyn Bridge und die Skyline von Manhattan."

– Mike Joyce, Stereotype Design

32 Strand Book Store

Karte B, S. 105

Im Gegensatz zu den allgegenwärtigen Ketten, ist der Strand Book Store ein echter inhabergeführter Laden. Die legendären „18 Meilen" langen Regale beherbergen Bücher zu Themen von Okkultismus über Philosophie bis Finanzen. 1927 eröffnete Ben Bass in der Fourth Avenue seinen Laden „Book Row". Von ehemals 48 Filialen ist nurmehr der Strand Book Store übrig, den heute die Enkelin des Gründers leitet. Sie und ihre kenntnisreichen Mitarbeiter sind mit Freude bei der Sache und haben für jede literarische Vorliebe eine Empfehlung. Den Rare Book Room (RBR) mit antiquarischen Büchern, Erstausgaben und signierten Exemplaren kann man auch für Veranstaltungen buchen.

9.30–22.30 Uhr (Mo–Sa), 11– (So)
828 Broadway, Ecke 12th Street, Manhattan, 10003
+1 (212) 473 1452
strandbooks.com
RBR: 9.30–18.15 Uhr (Mo–Sa), 11– (So)

„Künstler, Designer und Kunststudenten lieben diesen Buchladen. Kaufen Sie, so viel sie wollen, der Versand nach Europa ist gar nicht teuer :-)"

– Yuko Shimizu

33 Brooklyn Flea

Karten C/E, S. 107

Von zweifelhaften Memorabilia, zeitlosen Schallplatten und Vintage-Klamotten bis hin zu handgemachten Leckerbissen und lokaler Designerware von elegant bis eklektisch – der Flohmarkt in Brooklyn ist der ideale Ort für Souvenirs und Schnäppchen und der perfekte Ausgangspunkt, um die Umgebung zu erkunden und den Zauber Brooklyns in sich aufzusaugen. Nach ein paar Stunden Stöbern und Feilschen kann man sich bei einem der vielen Imbissstände stärken, die vielfältige Speisen und Getränke anbieten.

10–17 Uhr
Industry City: 241 37th Street, 11232 (Apr.–Okt.: Sa, Nov.–März: Sa, So); Dumbo: 80 Pearl Street, 11201 (Apr.–Okt.: So)
URL brooklynflea.com

„Coole handgearbeitete Stücke ergattern, leckere Sachen essen und den Blick auf Manhattan genießen."

– Tara McPherson

34 Crest Hardware

Karte I, S. 109

Im Herzen von Williamsburg hat sich aus einem Familienunternehmen mit Pagapei, das Künstlerbedarf aller Art verkaufte, eine Community entwickelt, die ihre Liebe zur Kunst mit anderen teilt. Jedes Jahr im Sommer veranstaltet der Besitzer von Crest Hardware, Joe Franquinha, das Crest Fest und die Crest Hardware Art Show, zu der Künstler aus NY und aus aller Welt in Scharen kommen, um ihre Kunst zu präsentieren. Beim Crest Fest ist immer mächtig was los: Es gibt DJs, Live-Musik und Stände, die Bier, Essen und Kunsthandwerk aus eigener Produktion verkaufen.

8–19 Uhr (Mo–Sa), 10–17 Uhr (So)
558 Metropolitan Ave., Williamsburg, 11211
+1 (718) 388 9521
cresthardwarenyc.com

„Am schönsten ist es im Sommer, wenn der Laden sich in einen Veranstaltungsort für lokale Kunst und Musik verwandelt."

– Manuel Garza, et al. collaborative

35 Tender Buttons

Karte A, S. 103

1964 erwarb (die mittlerweile verstorbene) Diana Epstein aus einer Laune heraus ein Knopfgeschäft, erweckte es unter dem Namen eines Buchtitels von Gertrude Stein aus dem Jahr 1914 zum Leben und tat sich mit dem aktuellen Ladenbesitzer Millicent Safro zusammen. Seither entwickelte sich Tender Buttons (der einzige auf Knöpfe spezialisierte Laden in den USA) zum Knopfmuseum und einem Mekka für Modeverrückte, Sammler und Bastler. Die Knöpfe in allen Größen und Formen aus jedem erdenklichen Material füllen zahllose Schubladen.

10.30–18 Uhr (Mo–Fr), –17.30 (Sa)
143 East 62nd St., Lenox Hill, 10065
+1 (212) 758 7004
URL *www.tenderbuttons-nyc.com*

„Vor langer Zeit hat mich meine Frau hierhin mitgenommen, und dieser Besuch hat mir klargemacht, warum ich NYC liebe."

– Craig Ward, The Words are Pictures Studio

36 Acme Smoked Fish

Karte I, S. 109

Seit Harry Brownstein und seine Söhne 1954 den Laden eröffneten, ist Acme eines der am besten gehüteten Geheimnisse Brooklyns und für alle Fischliebhaber ein Erlebnis. Der Familienbetrieb, mittlerweile in der 4. Generation, ist nach wie vor eine hervorragende Adresse für erstklassigen, über Obstbaumholz geräucherten Fisch und beliefert viele örtliche Geschäfte. Freitags aber strömen die Massen in die Fabrik, begutachten das Angebot und kaufen Räucherfisch, darunter Spezialitäten wie Lachs, Forelle, Makrele und Hering.

8–13 Uhr (Fr)
30 Gem St., Greenpoint, 11222
+1 (718) 383 8585
acmesmokedfish.com
Nur Bargeldzahlung

„Ein freitäglicher Besuch bei Acme ist ein ganz besonderes Erlebnis. Tipp: Nach ‚Salmon Belly' (Lachsbauch) fragen!"

– Monica Brand und Francisco Lopez, MOGOLLON

HOT DRINKS
COLD DRINKS
STUMPTOWN DRIP COFFEE
Sm 2 45 Med 2 75 Lg 3 10
WHOLE BEANS
15/bag
ORGANIC TEA (earl grey, Oolong Bancha & Peppermint)
Sm 2 45 Med 2 75 Lg 3 10
BELLOCQ TEA OF THE MONTH
*Market Price
STUMPTOWN COLD BREW
Sm 3 75 Lg 3 95
GINGER HIBISCUS ICED TEA
2 75
HOUSEMADE LEMONADE
3 85
BROOKLYN BARN ALMOND MILK
ORGANIC LOCAL MILK
Stumptown
Coffee Mill
FETCO
HOT LIQUID
BUNN

Restaurants & Cafés

Moderne Klassiker, Ethno-Food und köstliche Kuchen

New-York-Besucher sollten sich darauf gefasst machen, beim Verlassen der Stadt ein paar Kilo mehr auf die Waage zu bringen! Seit Jahrhunderten lockt dieser Schmelztiegel Einwanderer aus aller Welt an; und die Vielfalt der Kulturen kommt auch und gerade im Essen zum Ausdruck – nirgendwo ist das kulinarische Angebot so abwechslungsreich wie in New York City. Einheimische haben zahllose Empfehlungen parat, z. B. Shake Shack (Burger) in Midtown, Economy Candy *(108 Rivington St., 10002)* und Babycakes NYC *(248 Broome St., 10002)* in der Lower East Side, Dumplings in Chinatown, Joe's Pizza (#42) und Julius' *(159 W. 10th St., 10014)* in West Village oder der Meatball Shop *(170 Bedford Ave., 11249)* in Williamsburg. Dumbo ist ideal für ein günstiges Mittagessen, in Long Island City lockt der Court Square Diner mit Curly Fries *(45-30 23rd St., 11101)*; und Streetfood-Fans kommen auf Märkten wie dem Smorgasburg (#45) und dem Essex Street Market *(120 Essex St., Lower East Side, 10002)* auf ihre Kosten. Ob süß oder herzhaft, Brunch, Dinner oder einfach ein Kaffee – gutes Essen und hochwertige Lebensmittel sind hier für jedes Budget zu haben, jederzeit und überall, Überraschungen inklusive. Der Super Heebster Sandwich von Russ & Daughters *(179 E. Houston St., Lower East Side, 10002)* kann Leben verändern, und ein Teller Austern spät am Abend spendet die nötige Energie für lange Partynächte.

Ovenly, S. 075

Sophia Chang
Künstlerin

Die Illustratorin und Designerin stammt aus Queens und ist ein aktives Mitglied der globalen Kreativ-Community. In ihrer Freizeit tollt sie gerne mit ihrem Hund, den sie über alles liebt, durch den Park.

Saturdays NYC 073

Base NYC
Designagentur

„Base NYC. Ihre Strategie. Ihre Identität. Ihre Persönlichkeit. Wir lassen Potenzial wachsen."

SITU Studio
Architekturbüro

Ein Architekturbüro, das sich interdisziplinärer Zusammenarbeit verschrieben hat. Zum Zeitpunkt der Gründung 2005 studierten alle vier Partner Architektur an der Cooper Union.

Caffe Reggio 072

Brooklyn Roasting Company 074

Julia Pott
Animatorin & Illustratorin

Die britische Animatorin und Illustratorin lebt in Brooklyn. Wenn sie nicht gerade zeichnet, beobachtet sie Leute und konsumiert große Mengen Zucker und Koffein.

Buddha Bodai Kosher Vegetarian Restaurant 076

Jon Burgerman
Künstler

Burgerman ist Künstler, kam in Großbritannien zur Welt und lebt heute in Brooklyn. Er zeichnet und malt, kritzelt und krakelt, schläft und krakeelt.

Eric Wrenn
Art Director

Eric Wrenn wohnt in New York. Der Art Director arbeitet für verschiedene Auftraggeber aus der Kreativbranche.

Ovenly 075

Joe's Pizza 077

Deanne Cheuk & Chris Rubino, *Künstler*

Die Künstler Deanne Cheuk und Chris Rubino arbeiten beide im Bereich Art Direction und Illustration. Deanne wird von Hugo & Marie vertreten, Chris von Art Department.

Rus Anson
Modefotografin

Anson stammt aus Barcelona und lebt nun in Brooklyn. Mithilfe der Fotografie erschafft sie surreale und naive Welten, in die häufig ihre Tagträume und Fantasien einfließen.

Tyler Hopf
Architekt & Designer

Ein junger Architekt und Designer in New York City.

Jennifer Daniel
Designerin & Redakteurin

Designerin, Autorin und Redakteurin. Wenn sie sich nicht gerade bei *Bloomberg Businessweek* ums Grafikdesign kümmert, entspannt sie sich gerne bei einer langen Radtour und gönnt sich danach ein Bier.

Kelli Anderson
Künstlerin & Grafikdesignerin

Von New Orleans hat es sie nach New York verschlagen. Sie lebt mit ihrer besseren Hälfte, zwei Katzen, einer Buchdruckmaschine aus dem Jahr 1919, fünf Computern und ein paar Hundert Büchern in Brooklyn.

Peter Sluszka
Filmregisseur

Sluszka hat sich auf Mixed Media und Animation spezialisiert. Er arbeitet in den Bereichen Film, Musikvideo, Werbung und Live-Projektion. Die Energie von NYC und dass sich diese Stadt immer wieder neu erfindet, überrascht und inspiriert ihn.

37 Caffe Reggio

Karte B, S. 104

Hier steht eine der ältesten Espressomaschinen der Welt, eine der ersten, die in den USA Cappuccino zubereitete. Die 1902 hergestellte Maschine symbolisiert die lange Geschichte des 1927 gegründeten Caffe Reggio. Das ruhige, kleine Café am Washington Square Park, unweit der New York University, lädt dazu ein, entspannt an einem „Original Cappuccino" zu nippen und Leute zu betrachten. Die antike italienische Sitzbank stammt aus dem Besitz der berühmten Familie Medici. Das Café veranstaltet Lyrik-Abende und war in dem Film *Inside Llewyn Davis* (2013) zu sehen.

9–3 Uhr (So–Do), –4 Uhr (Fr, Sa)
119 Macdougal Street, Greenwich Village 10012
+1 (212) 475 9557 *@Caffe Reggio*

„Die Portionen sind klein, aber das Essen sehr lecker. Der perfekte Ort, um eine gemütliche Kaffeepause einzulegen!"

– Sophia Chang

38 Saturdays NYC

Karte B, S. 104

Neben allem, was man braucht, um sich mitten in der Stadt wie ein stylisher East-Coast-Surfer zu fühlen, bietet das Saturdays NYC köstlichen Java-Kaffee von der beliebten Marke La Colombe. Die Bohnen stammen direkt aus Gera (Äthiopien), dem Finisterre-Gebirge (Papua-Neuguinea), Haiti und Tarrazu (Costa Rica) und entfalten einen einzigartigen Geschmack, ob als Espresso oder Filterkaffee. Im gemütlichen Innenhof sitzt es sich sehr schön, und bei den Büchern im Eingangsbereich gibt es immer etwas zu entdecken.

10–19 Uhr (tägl.), Coffee Bar: 8–19 Uhr (Mo–Fr), 10–19 Uhr (Sa, So)
31 Crosby Street, SoHo, 10013
+1 (212) 966 7875
saturdaysnyc.com

„Toller Kaffee, tolle Leute, toller Innenhof. Wir sind mindestens zweimal täglich hier. Tipp für heiße Sommertage: Iced RedEye (schmeckt auch im Winter)."

– Base NYC

39 Brooklyn Roasting Company

Karte C, S. 107

Die Philosophie der Brooklyn Roasting Company ist es, ausschließlich qualitativ hochwertigen Kaffee anzubieten, der fair gehandelt und biologisch angebaut wurde und das Rainforest-Alliance-Siegel trägt. Die Bohnen werden vor Ort in einem Loring-Kestrel-Röster (35 kg) geröstet und die Inhaber haben eine eigene Geschmacksskala entwickelt. Das Café serviert neben einfachen Espressi auch Iced Latte mit dem Wunsch-Espresso. Man kann Verkostungen sowie Kurse zur Zubereitung von Getränken auf Espresso-Basis buchen.

7–19 Uhr (tägl.) · *25 Jay Street, Dumbo, 11201* · *+1 (718) 855 1000*
URL *brooklynroasting.com*

„Vor Ort gerösteter Fair-Trade-Kaffee, dazu lokale Backwaren wie z. B. Dough's Doughnuts aus Bed-Stuy (Bedford-Stuyvesant)."

– SITU Studio

40 Ovenly

Karte I, S. 109

Das Café wurde 2013 im Rahmen der New York Food and Drink Awards von *Time Out* zur „Best New Bakery" gekürt. Die Inhaberinnen, Agatha Kulaga und Erin Patinkin, lernten sich bei einer Veranstaltung zum Thema Essen kennen. Wenn das geniale Back-Duo traditionelle osteuropäische Rezepte kreativ abwandelt und Frühstücksgebäck, Desserts und Snacks neu erfindet, scheint zwischen Mehl und Ofen Zauberei im Spiel zu sein. Nach dem süßen Schlemmen empfiehlt sich ein Spaziergang durch die schmucke Umgebung, die gerne als Filmkulisse genutzt wird.

7.30–19 Uhr (Mo–Fr), 8– (Sa, So)
31 Greenpoint Ave., Greenpoint, 11222 *+1 (888) 899 2213*
URL *oven.ly*

„Einen Salted Chocolate Chip Cookie oder Jelly Donut Muffin genüsslich im Park am Wasser verspeisen oder durch die Läden der Franklin Street bummeln."

– Julia Pott

41 Buddha Bodai Kosher Vegetarian Restaurant

Karte C, S. 106

Wer authentische chinesische Küche kosten, aber auf Fleisch, Fisch und Milchprodukte verzichten möchte, ist in Chinatowns Hauptstraße an der richtigen Adresse. Buddha Bodai bietet eine umfangreiche Auswahl an klassischen chinesischen Gerichten mit Tofu, Tempeh, Seitan, Eiern und Produkten aus der Konjakwurzel – und alles ist koscher. Die meisten Gerichte werden als Dim Sum serviert, und man sitzt oft mit Fremden am Tisch, da der Platz begrenzt, die Nachfrage aber groß ist.

11–21.30 Uhr (Mo–Fr), 10– (Sa, So)
5 Mott Street, Chinatown, 10013
+1 (212) 566 8388
URL *buddha-bodai.com*

„Unbedingt die ‚Sesame Chicken Balls' probieren! Diese Bällchen enthalten kein bisschen Huhn, sind aber unfassbar lecker."

– Jon Burgerman

42 Joe's Pizza

Karte B, S. 104

Fragt man einheimische New Yorker, was sie unter einer authentischen Pizza verstehen, verweisen viele auf Joe's Pizza in der Carmine Street, den Ort, wo es den „Inbegriff der New Yorker Pizza" gibt. Seit fast 40 Jahren wird hier der echte Geschmack Italiens zelebriert, basierend auf einfachen, hochwertigen Zutaten. Der Gründer, Joe Pozzuoli, wanderte aus Neapel in die USA ein. Bei Joe's kann man sich auch frühmorgens noch davon überzeugen, dass es für eine gute Pizza keine ausgefallenen Beläge oder sonstigen Schnickschnack braucht.

10–4 Uhr (So–Do), –5 Uhr (Fr, Sa)
7 Carmine Street, Greenwich Village, 10014
+1 (212) 366 1182
URL *joespizzanyc.com*

„Joe's Pizza im West Village ist absolut unentbehrlich."

– Eric Wrenn

🕒 *7.30–19.15 Uhr (Mo–Fr), 8.30– (Sa, So)*
🏠 *44 Hester Street (zw. Essex & Ludlow), 10002*
📞 *+1 (212) 387 9169*
URL *macaronparlour.com*

43 Macaron Parlour

Karte C, S. 107

Die beiden Inhaber, Christina Ha und Simon Tung, verfügen über fundierte Macaron-Erfahrung. Ha entdeckte ihre Liebe zu dem häppchengroßen Baisergebäck in der Haute Pâtisserie Pierre Hermé in Paris, während Tung seine Macaron-Technik bei dem preisgekrönten Koch Stéphane Glacier perfektionierte. Ihre 2010 eröffnete Pâtisserie bietet Macarons jenseits traditioneller Füllungen, z. B. mit Cremes der Geschmacksrichtungen Cidre & Karamell, Cheetos oder Rosmarin & Olivenöl – allesamt unglaublich lecker! Außerdem gibt es auch noch anderes köstliches Gebäck, und man kann hier fantastisch frühstücken.

„Bestellen Sie eine Tasse Blue Bottle Coffee und so viele Macarons, wie Sie essen können! Die ‚Art Wall' nicht vergessen, sie verdient auf jeden Fall Aufmerksamkeit!"

– Deanne Cheuk & Chris Rubino

44 Pier 66 Maritime Bar & Grill

Karte A, S. 102

Das Frying Pan ist ein altes Feuerschiff, das drei Jahre unter Wasser lag, bevor es geborgen und zur schwimmenden Bar umgebaut wurde, einem Bestandteil von Pier 66 Maritime Bar & Grill, von wo aus man einen unvergleichlichen Blick auf den Hudson River und die Skyline New Yorks hat. Es lohnt sich, frühzeitig vor Ort zu sein, um einen guten Platz zu ergattern, aber am schönsten ist es hier in der Dämmerung, wenn man bei einem kühlen Getränk den Sonnenuntergang bewundern kann. Bestellt wird an der Theke, dort bekommt man einen Buzzer, der Bescheid gibt, wenn man sein Essen an der Ausgabe in Empfang nehmen darf.

12–24 Uhr (tägl.), bei schlechtem Wetter und von November bis März geschlossen.

Pier 66, West 26th Street & West Side Highway, Hudson River Park, 10001 *+1 (212) 989 6363*

URL *pier66maritime.com*

„Mit einem Bier und einem Burger ganz am Ende sitzen, den Wind genießen, Schiffe beobachten und dem Rauschen der Wellen lauschen, die an die Pier schlagen."

– Tyler Hopf

45 Smorgasburg

Karten E, S. 107 / H, S. 108 / I, S. 109

In der warmen Jahreszeit werden jeden Samstagmorgen viele kleine Buden am Ufer von Williamsburg bzw. sonntags am Brooklyn Bridge Park *(#2)* aufgebaut, um Tausende Menschen mit Essen aus eigener Herstellung zu beglücken. Trotz der jährlich wechselnden Stände gibt es wahrscheinlich immer jemanden, der griechischen Joghurt mit Sauerkirschen, Ice-Pops aus saisonalem Obst, kolumbianische Arepas, Fisch-Tacos, Kimchi oder Gewürznüsse anbietet. Hier gibt es alles, was sich die Geschmacksnerven nur wünschen können, von den nettesten Verkäufern, die man sich vorstellen kann. Im Winter gibt es manchmal einen Indoor-Markt.

11–18 Uhr (Apr.–Okt.), 10–17 Uhr (Nov.–März) *Apr.–Okt.: Prospect Park (So), 90 Kent Ave., 11211 (Sa); Nov.–März: 241 37th Street, 10018 (Sa, So)*
URL smorgasburg.com

„Ich hab hier mal bei einem Mitglied von Vampire Weekend (und dessen suppekochender Freundin) Tomatensuppe gekauft. Am besten vor 11 da sein!"

– Kelli Anderson

46 House of Small Wonder

Karte I, S. 109

Dieses „kleine Wunder" kann man leicht übersehen. Hinter der schlichten Holzfassade verbirgt sich ein liebevoll gestaltetes Café, in dem eine junge Esche wächst und dessen ruhige Atmosphäre an Großmutters Zeiten erinnert. Es gibt Suppen und Salate aus eigener Herstellung, Kaffee, Sandwiches, Croissants und mehr zu fairen Preisen. Das Café vereint europäische und japanische Einflüsse. Das Holz der Einrichtung harmoniert perfekt mit den blauen Wänden, zahllosen Topfpflanzen und hübschen Bildern. Man fühlt sich wie in einem sonnendurchfluteten Gewächshaus.

9–18 Uhr (Mo–Do), –17 (Fr), 10–17.30 (Sa), –17 (So)
77 North 6th Street, Williamsburg, 11211
+1 (718) 388 6160
URL *houseofsmallwonder.com*

„Ich sage nur: Bananen-Nutella-Croissant."

– Rus Anson

47 Chuko

Karte G, S. 108

Dass Liebe durch den Magen geht, erfahren Chukos Gäste am eigenen Leib: Seine überwältigenden Suppenvariationen sind wie eine heiße Umarmung von innen. Das einzigartige Interieur ist ein gemütlicher Mix aus japanischer Arbeiter-Kneipe und unprätentiösem Brooklyn-Style. Das Restaurant ist außerdem für seine Garnelen-Täschchen und das Okonomiyaki mit Kartoffeln bekannt. Auch Vegetarier kommen hier voll auf ihre Kosten.

12–15 Uhr (tägl.), 17.30–22 (So–Do), –23 (Fr, Sa)
565 Vanderbilt Ave., Brooklyn, 11238
+1 (347) 425 9570
URL *chukobk.com*

„Alles essen!"

– Jennifer Daniel

48 Roberta's

Karte D, S. 107

Farm-to-table in Brooklyn? Ja, denn die landwirtschaftlichen Erzeugnisse wachsen direkt nebenan, Kirschen und Beeren, Rote Beten und Blumen beleben das ansonsten unauffällige Gebäude. Die Speisekarte ist einfach gehalten, köstlich und vielseitig, mit Pizzen aus dem Steinbackofen, Grillgerichten sowie Fisch und Meeresfrüchten, die mit unerwarteten Texturen und Aromen überraschen. Das Eis ist ein weiteres Highlight. Reservieren kann man hier nicht, wer nach 17 Uhr hingeht, muss eventuell zwei Stunden warten. Deutlich gehobener geht es bei den Verkostungsmenüs im Blanca zu, einem Ableger von Roberta's am selben Ort.

11–24 Uhr (Mo–Fr), 10– (Sa, So)
261 Moore St., Williamsburg, 11206
+1 (718) 417 1118
URL *robertaspizza.com*

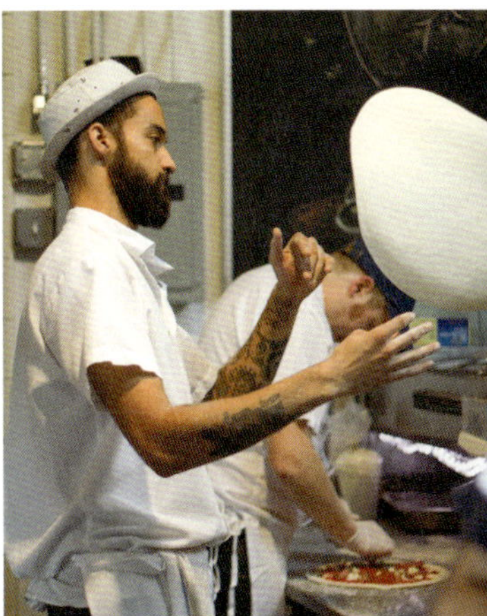

„Das Bushwick-Viertel ist voller junger Künstler, hier gibt es also einige gute Galerien, in denen man sich die Zeit bis zum Essen vertreiben kann."

– Peter Sluszka

EXIT

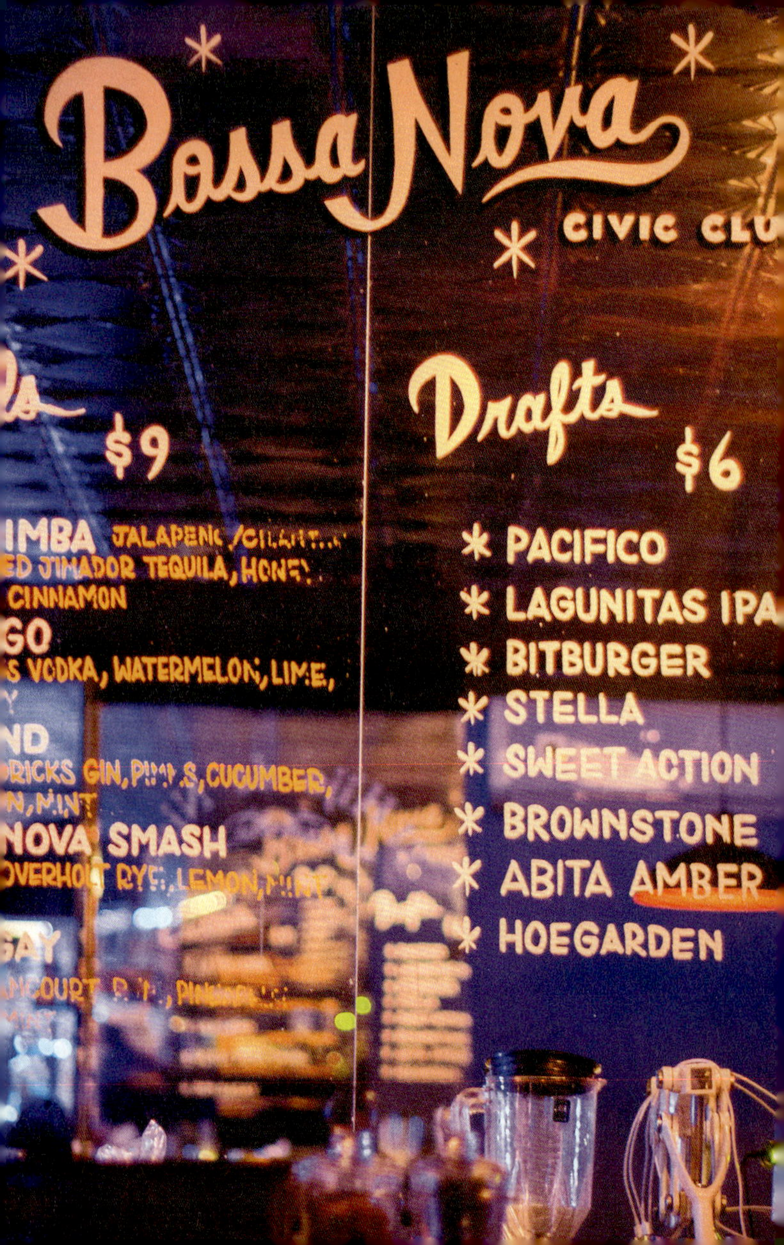

Bossa Nova
CIVIC CLU
$9
IMBA
CINNAMON
GO
S VODKA, WATERMELON, LIME,
ND
NOVA SMASH
Drafts
$6
* PACIFICO
* LAGUNITAS IPA
* BITBURGER
* STELLA
* SWEET ACTION
* BROWNSTONE
* ABITA AMBER
* HOEGARDEN

Nachtleben

Wilde Partys, Clubbing und originelle Cocktails

„In the city that never sleeps", wie Frank Sinatra New York einst besang, kann man sich dem Glamour und der fiebrigen Energie, die dieser Metropole innewohnen, nur schwer entziehen. Nachts ergreifen Lichter und Musik die Macht über die verkehrsgeplagten Straßen, und ganz egal ob Hands-in-the-air-Clubber oder Jazz-Fan à la New York, New York, hier findet jeder den passenden Ort, um einen unvergesslichen Abend (bzw. eine ausgelassene Nacht, gerne auch bis zum Morgengrauen) zu verbringen. Vielleicht erwischen Sie eine Party des Künstlerkollektivs CHERYL (#55), oder Sie erleben in The Box (#53) die Wiedergeburt der Prohibitions-Ära, inklusive Cocktails und Showgirls. Für eine unvergleichliche Aussicht auf die nächtliche Kulisse Manhattans sucht man sich am besten eine Rooftop-Lounge oder macht einen Spaziergang am Wasser. Von Dumbo aus ist der Blick auf die Skyline besonders spektakulär, und der sommerliche Sonnenuntergang zwischen Brooklyn- und Manhattan Bridge ist atemberaubend. Livemusik von tollen Bands gibt es z. B. in Joe's Pub (425 Lafayette St., NoHo, 10003). Alternativ kann man sich im Dream House (275 Church St. (3F), Tribeca, 10013) auf den Boden legen und die Klanginstallationen der minimalistischen Künstler/Musiker La Monte Young und Marian Zazeela auf sich wirken lassen. Es empfiehlt sich, rechtzeitig zu buchen und den Reisekoffer so zu packen, dass man outfitmäßig auf alle Eventualitäten vorbereitet ist.

Bossa Nova Civic Club, S. 098

Reonda Cheng
Gründerin von Bowoo NYC

Musikerin und Gründerin von Bowoo, einer Designfirma, die sich auf Gitarrenkoffer „made in USA" spezialisiert hat.

Fat Cat 090

STUDIO NEWWORK
Designagentur

Ein Studio für Grafikdesign und ein Team aus passionierten Typografie-Designern, die sich dem Streben nach Spitzenleistungen verschrieben haben. „Wir designen mit Leidenschaft, Sorgfalt und Liebe."

Maison Premiere 093

Fanelli Cafe 091

Moh Azima
Filmregisseur

Der Filmemacher lebt und arbeitet seit über 15 Jahren in NYC. „Diese Stadt kann manchmal ziemlich hart sein, aber sie belohnt einen auch für seine Anstrengungen."

The Box 094

Frances Rose
Band

Frances Rose sind die Schwestern Sarah Frances und Michelle Rose Cagianese. Beide haben eine klassische Gesangsausbildung und machen schon ihr ganzes Leben lang zusammen Musik.

Gerald Ding
Creative Director, Psyop

Brasilianischer Jiu-Jitsu-Schüler von Renzo Gracie, gelegentlich Torwart beim Fußballverein von Chinatown, Vegetarier, Ehemann, Bruder und „Herrchen" einer französischen Bulldogge namens Bob.

An Choi 092

Aaron Duffy
Regisseur bei 1stAveMachine

Der Regisseur und Kreativchef von 1stAveMachine häkelt gerne und hat eine Schildkröte mit Namen Chevy.

Weather Up 095

Braulio Amado
Grafikdesigner & Illustrator

Der Grafikdesigner und freiberufliche Illustrator musiziert und fotografiert gerne. 2010 kam er aus Portugal nach NYC, um sein Studium abzuschließen, und arbeitete bei Pentagram NYC.

Penthouse at Dream 097

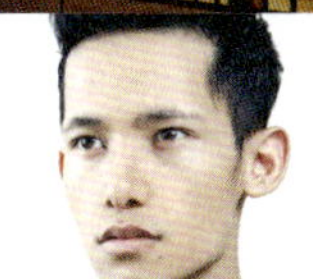

LONG TRAN
Modeschöpfer

LONG TRAN stammt ursprünglich aus Vietnam und lebt nun in New York City und New Jersey, um seinen Traum zu verwirklichen. „Wie andere Künstler erkunde ich gerne Neues, das inspiriert und erfrischt meinen Geist."

Selebrities
Band

Die vierköpfige Band aus Brooklyn kombiniert New Wave mit Romantic Pop. Die Texte handeln von emotionaler Vertrautheit, Sexualität und dem Leben in der Stadt.

CHERYL 096

Bossa Nova Civic Club 098

Richard Turley
Creative Director

Der Kreativchef von *Bloomberg Businessweek* studierte Bildende Kunst in Liverpool, UK. Er arbeitete beim *Guardian*, bevor er nach New York zog, um die *Businessweek* neu zu erfinden.

Catfish 100

Mike Perry
Künstler

Der Designer und Künstler lebt in Brooklyn. Er liebt es, innerhalb einer riesigen Gemeinschaft die eigene kleine Community zu finden.

Emmanuel André *Leitender Geschäftsführer, TBWA*

André kam in Frankreich zur Welt und wuchs auf zwei Kontinenten auf. Er beschäftigt sich viel mit Fotografie und lebt zurzeit mit seiner Frau Hong Tam und den Söhnen Louis und Matthieu in NYC.

Le Bain 099

Death & Co. 101

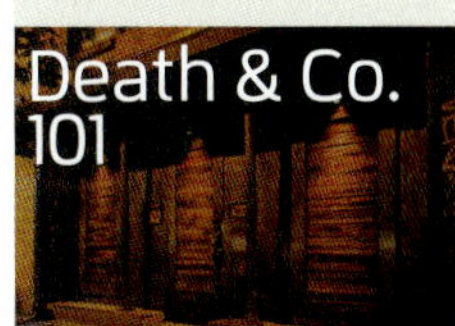

49 Fat Cat

Karte B, S. 104

Im Fat Cat gibt es jeden Abend Live-Musik und nächtliche Jam-Sessions. Darüber hinaus kann man hier aber auch gegen eine kleine Gebühr Billard, Tischfußball, Tischtennis, Schach, Scrabble und vieles mehr spielen – oder einfach an der Theke ein Bier oder Soju trinken. Jeden Dienstagabend ist Kicker-Turnier und freitags ab 19 Uhr kann man an einem der vielen Billardtische kostenlos sein Können erproben. Im Keller spielen Newcomer neben legendären Interpreten von Jazz, Klassik und Weltmusik. Die After-Hour-Sessions gehen bis 4 Uhr.

14–5 Uhr (Mo–Do), 12– (Fr–So) · *$ 3 (nach 18 Uhr)*
75 Christopher Street (Höhe 7th Ave.), West Village, 10014 · *+1 (212) 675 6056*
fatcatmusic.org · *21+ ab 22 Uhr (Fr, Sa)*

„Abends kann man hier laute, ausgelassene Stunden verbringen. Wer Lust auf ein entspanntes Tischtennismatch hat, kommt besser nachmittags."

– Reonda Cheng, Bowoo NYC

50 Fanelli Cafe

Karte B, S. 104

Als eine der fünf ältesten Bars von NYC, im Herzen von SoHo gelegen, bekommt man im Fanelli Cafe nicht nur Bier und köstliche Burger, sondern auch eine Lektion in Sachen Stadtgeschichte. Nachdem es die Ära der Prohibition von 1920 bis 1933 als Speakeasy überstanden hatte, wurde das Fanelli zum Treffpunkt für die Künstler der Beat Generation; hier wurden zahllose kreative Ideen entwickelt, Kontakte geknüpft und vieles mehr. Die legere, ungezwungene Atmosphäre hat sich bis heute erhalten und die arbeitende Bevölkerung aus der Umgebung kommt gerne hierher.

10–1.30 Uhr (So–Do), –4 Uhr (Fr, Sa)
94 Prince Street, Manhattan, 10012
+1 (212) 226 9412
@Fanelli Cafe

„Unbedingt das Chilli probieren, dazu ein frisch gezapftes Budweiser! Dem Barkeeper übrigens besser nicht widersprechen, er hat manchmal seine Launen ;-)"

– Moh Azima

51 An Choi

Karte B, S. 105

Mit der offenen Ladenfront, der Handwerkerwerbung an den Wänden und dem gedämpften Licht der von der Decke baumelnden Glühbirnen ist das An Choi quasi die Hipster-Version einer Hố-Chí-Minh in Manhattans Lower East Side. Das von Tuan Bui und Huy Bui (Gründer von *HB* Collaborative) geführte Lokal verströmt Straßenatmosphäre und serviert authentische vietnamesische Gerichte wie *Pho* und *Bánh mì*, mit fünffach gewürztem Schinken oder hausgemachter Pastete. An der einladenden Theke kann man auch nur einen Hummingbird-Cocktail trinken.

Bar: 18–24 Uhr (Mo–Sa), –22.30 Uhr (So); Küche: 18–23 (Mo), 12– (Di–Do), 12–23.30 (Fr, Sa), –22.30 (So)
85 Orchard Street (zw. Broome & Grand Street), Lower East Side, 10002 *+1 (212) 226 3700*
URL *anchoinyc.com*

„Fantastisches vietnamesisches Essen, das wie selbst gekocht schmeckt. Wenn es nach mir ginge, könnten sie die Taro Fries in riesigen Eimern servieren!"

– Gerald Ding, Psyop

52 Maison Premiere

Karte I, S. 109

Absinth, gedämpftes Licht und Barkeeper, die Hosenträger über ihren weißen Hemden tragen – im Maison Premiere geht es entspannt, und doch klassisch zu. Erinnerungen an die alten Vergnügungslokale in New York und New Orleans oder an Pariser Cafés werden wach. Das Maison Premiere ist für seine Austern bekannt, dazu gibt es wunderbare Cocktails und ein Dutzend Sorten Absinth. Neben den Austern aus verschiedenen Aquakulturen stehen viele weitere exquisite Meeresfrüchte auf der Speisekarte. Im Garten sitzt man besonders schön, zwischen Weinreben und anderen Pflanzen. Das Sechs-Gänge-Menü muss man mindestens einen Tag im Voraus bestellen!

Bar: 14–2 Uhr (So–Mi), –4 (Do–Sa); Austern: 12 Uhr (So–Do), 14 (Fr, Sa)
298 Bedford Ave., Brooklyn, 11249
+1 (347) 335 0446
maisonpremiere.com

„Zur Happy Hour (Montag–Freitag 16–19 Uhr, Samstag/ Sonntag 11–13 Uhr) kosten Austern nur $1 pro Stück."

– STUDIO NEWWORK

53 The Box

Karte B, S. 105

Die in einer ehemaligen Schilderfabrik angesiedelte Kombination aus Theater, Club und Varieté bietet jede Nacht (außer sonntags und montags) ab ein Uhr Risqué-Cabaret und Burlesque-Shows. Das von ein paar Theater-Mogulen geführte Lokal im Speakeasy-Stil beherbergt im Erdgeschoss zwei Theken und Sitzgelegenheiten für bis zu 125 Gäste. Das Mezzanin darüber bietet die beste Sicht auf den Vaudeville-Spaß. Es empfiehlt sich, einen Tisch zu reservieren und sich schick anzuziehen. Handys und Kameras sind nicht erlaubt.

23 Uhr bis früh am Morgen (Di–Sa)
189 Chrystie Street, Lower East Side, 10002
+1 (917) 982 9301
URL *theboxnyc.com*

„Ein Riesenspaß! Wer ‚in' sein will, muss dort sein. Tanzen, sehen und gesehen werden! New York schläft nie!"

– Frances Rose

54 Weather Up Brooklyn

Karte G, S. 108

Das edle, atmosphärische Interieur mit U-Bahn-Kacheln an der Decke und der kleine Garten sind nur zwei Charakteristika, die diese intime Cocktailbar ausmachen. Im Schein kastenförmiger Lampen kann man hervorragend gemixte Drinks genießen, deren Rezeptur die britische Inhaberin und Mixologin Kathryn Weatherup ausgeklügelt hat. Weatherup hat ihr Handwerk u. a. bei Cocktailguru Sasha Petraske gelernt, der das Milk & Honey im Flatiron District leitet; und Gin und Eis wird hier viel Aufmerksamkeit zuteil. Das Design der lederbezogenen Barhocker an der kupferfarbenen Theke stammt vom Team hinter The Box (#53).

17.30–2 Uhr (tägl.)
589 Vanderbilt Avenue, Prospect Heights, 11238
weatherupnyc.com

„Ich komme nicht oft her, weil es eine besondere Gaumenfreude ist, nichts für jeden Tag. Der Hinterhof ist mit jedem Weather-Up-Drink die perfekte Combo."

– Aaron Duffy, 1stAveMachine

55 CHERYL

CHERYL ist ein Künstlerquartett aus Brooklyn, dessen Mitglieder häufig mit Katzenmasken anzutreffen sind und die seit 2013 mehrmals im Jahr „Live-Ending"-Partys in Clubs, Museen und an anderen Orten überall in der Stadt veranstalten. Mit ihren albernen Kostümen und DJ Nick an den Turntables zelebrieren sie einen wilden Mix aus Euphorie und Drama. Wann und wo die nächste Party steigt, erfährt man auf Twitter @CHERYLDANCE. Wer das Glück hat, einem ihrer Events beizuwohnen: in Schale werfen, Vorurteile zu Hause lassen und hemmungslos abfeiern.

Ort & Eintritt variieren je nach Event
URL *cherylwillruinyourlife.info* *21+*

„Total NYC. Die besten Mottos, die besten Kostüme, die beste Musik, die meisten witzigen Leute und herrlich wenig Angeberei. Get crazy! Tanzen bis zum Umfallen!"

– Braulio Amado

56 Penthouse at Dream

Karte A, S. 102

Das PHD verbirgt sich in einem Penthouse im 12. Stock des luxuriösen Hotels Dream Downtown (ehemals New York Maritime Hotel). Die Außenterrasse bietet eine atemberaubende Aussicht auf die Stadt. Die edel eingerichtete Lounge mit raumhohen Fenstern verfügt über modernste Licht- und Audiotechnik. Wer im Sommer vor 19 Uhr (da kostet es noch keinen Eintritt) einen Platz ergattert, kann den Sonnenuntergang über der Skyline bewundern; um in die Hipster-Crowd einzutauchen und Promis zu sehen, kommt man – entsprechend herausgeputzt – am besten nach 21.30 Uhr.

17–4 Uhr (Mo–Sa), –24 Uhr (So)
355 W. 16th Street, Chelsea, 10011
+1 (212) 229 2511
URL *phdlounge.com*

„Wer sich in Schale wirft, kommt nach 21 Uhr umsonst rein."

– LONG TRAN

57 Bossa Nova Civic Club

Karte D, S.107

Der Bossa Nova Civic Club hat nicht viel mit dem brasilianischen Musikstil zu tun. Seit der tropisch gestylte Dance Club mit Cocktailbar 2012 die ersten langen Partynächte veranstaltete, hat er sich rasch zu einer der angesagtesten Party-Adressen New Yorks entwickelt. Techno und House dröhnen durch das „Trip House" genannte Gebäude aus dem 19. Jahrhundert, direkt unter der M-Train-Haltestelle Central. Am wildesten gefeiert wird freitags und samstags nach Mitternacht.

17–4 Uhr (Mo–Sa), –24 Uhr (So)
1271 Myrtle Ave., Bushwick, 11221
+1 (718) 443 1271
@Bossa Nova Civic Club

„Kostet keinen Eintritt, gute Musik, erschwingliche Getränkepreise. Am Wochenende muss man öfter Schlange stehen, aber es lohnt sich!"

– Selebrities

58 Le Bain

Karte A, S. 102

Im Herzen des Meatpacking District verbirgt sich in der obersten Etage des Hotels The Standard, hoch über der High Line (#4), die Rooftop-Bar und Penthouse-Disco Le Bain. Von hier hat man einen sagenhaften Rundumblick auf den Hudson River und Downtown Manhattan. Im Sommer gibt es einen Pool neben der Tanzfläche, und für Hungrige gibt es süße und herzhafte Crêpes aus lokalen Zutaten. Cocktails sind sündhaft teuer, Bier ist bezahlbar. Zugang über den Seiteneingang des Hotels.

22–4 Uhr (Mi–Fr), 14–4 Uhr (Sa), –3 Uhr (So)
444 West 13th Street, Manhattan, 10014
+1 (212) 645 7600 URL *standardhotels.com/high-line/food-drink/le-bain*

„Alles im Erdgeschoss einfach ignorieren und gleich rauf aufs Dach! Die Aussicht ist atemberaubend, und die Atmosphäre erstaunlich entspannt."

– Richard Turley, Bloomberg Businessweek

59 Catfish

Karte G, S. 108

New Orleans mitten in Brooklyn! Im Catfish gibt es authentische Cajun-Küche in rustikalem Ambiente. Im Innenhof kann man gemütlich draußen sitzen, und es gibt eine respektable Auswahl an Rye Whiskey, Scotch und feinen Spirituosen. Die Gründer, drei befreundete Barkeeper, mixen schon seit Jahren Drinks. Man kann hier am Wochenende brunchen oder zur Happy Hour (16.30–19.30 Uhr) für $1 Austern schlemmen, aber eigentlich ist das Catfish ideal für ein entspanntes, geselliges Abendessen.

11–2 Uhr (tägl.)
1433 Bedford Ave., Crown Heights, 11216 *+1 (347) 305 3233*
URL *catfishnyc.com*

„Hier treffen sich die Leute aus der Umgebung, und das Essen ist großartig. Unbedingt das Maisbrot probieren!"

– Mike Perry

60 Death & Co.

Karte B, S. 105

Hier verbindet sich der verlockende Charme eines illegalen Speakeasy mit der vornehmen Welt gehobener Cocktail-Kunst, von exquisiten Martinis bis Punsch und einer Reihe lange gereifter Spirituosen. Den Eingang ziert eine Granitschwelle mit Death-&-Co.-Logo. Reservieren kann man hier nicht, man kann sich aber vor Ort auf eine Warteliste setzen lassen. Gruppen mit mehr als sieben Personen haben keine Chance, außerdem gibt es ausschließlich Sitzplätze.

18–2 Uhr (So–Do), –3 Uhr (Fr, Sa)
433 E. 6th Street, East Village, 10009 *+1 (212) 388 0882*
URL *deathandcompany.com*

„Handgemachte Cocktails der besten Sorte."

– Emmanuel André, TBWA

- 4_The High Line
- 12_James A. Farley Post Office
- 18_Chelsea Art District
- 25_Chelsea Flea Market
- 44_Pier 66 Maritime Bar & Grill
- 56_Penthouse at Dream
- 58_Le Bain

- 3_FDR Four Freedoms Park
- 9_New York Public Library, Hauptgebäude
- 10_Rockefeller Center
- 11_Seagram Building
- 35_Tender Buttons

- 5_Tribeca Synagogue
- 27_Matter
- 30_Jill Platner
- 37_Caffe Reggio
- 38_Saturdays NYC
- 42_Joe's Pizza
- 49_Fat Cat
- 50_Fanelli Cafe

- 6_New Museum
- 8_41 Cooper Square
- 15_The Hole
- 28_Cloak & Dagger
- 32_Strand Book Store
- 51_An Choi
- 53_The Box
- 60_Death & Co.

- 2_Brooklyn Bridge Park
- 41_Buddha Bodai Kosher Vegetarian Restaurant

- 7_Jane's Carousel
- 31_Powerhouse @ The Archway
- 33_Brooklyn Flea
- 39_Brooklyn Roasting Company
- 43_Macaron Parlour
- 45_Smorgasburg
- 48_Roberta's
- 57_Bossa Nova Civic Club

- 16_The Invisible Dog Art Center
- 24_Brooklyn Academy of Music
- 45_Smorgasburg
- 47_Chuko
- 54_Weather Up Brooklyn
- 59_Catfish

- 29_Desert Island
- 34_Crest Hardware
- 36_Acme Smoked Fish
- 40_Ovenly
- 45_Smorgasburg
- 46_House of Small Wonder
- 52_Maison Premiere

- 1_Central Park
- 3_FDR Four Freedoms Park
- 14_MoMA PS1
- 17_Guggenheim Museum
- 19_Frick Collection
- 21_Film Society of Lincoln Center

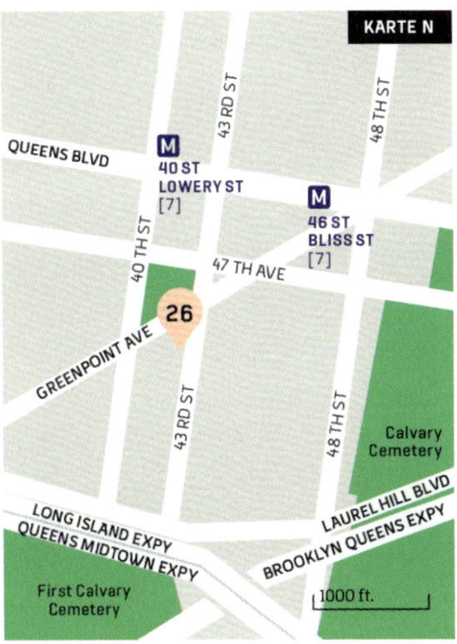

- 13_Storm King Art Center
- 20_The (Met) Cloisters
- 23_Noguchi Museum
- 26_Johnson Trading Gallery

Unterkunft

Hippe Hostels, schicke Apartments & noble Hotels

Auf Reisen braucht man einen guten Platz für die Nacht, um die Batterien wieder aufzuladen. Ob Backpacker oder Geschäftsreisende – unsere Tipps vereinen Topqualität und Komfort, für jedes Budget.

< $80 | $81–250 | $251+

Hôtel Americano

Das elegante Hotel bietet 56 Zimmer im Ryokan-Stil mit sämtlichen Annehmlichkeiten einschließlich Pool mit Bar und Grill auf dem Dach. Das Gebäude befindet sich in unmittelbarer Nähe der High Line. Die Gäste haben die Möglichkeit, Fahrräder auszuleihen, um Chelsea und die Galerien der Gegend zu entdecken.

518 West 27 Street, Chelsea, 10001
+1 (212) 216 0000
URL *hotel-americano.com*

The Standard, High Line

Direkt über der High Line erhebt sich The Standard, ein Garant für urbanen Luxus, mit Spitzengastronomie und einem herrlichen Blick auf die City oder den Hudson River aus jedem Zimmer. Auf dem Dach sang Carey Mulligan in dem Film *Shame* (2011) das traurig-schöne *New York, New York*.

848 Washington Street, Meatpacking District, 10014 *+1 (212) 645 4646*
URL *standardhotels.com/high-line*

Ace Hotel New York

Das in einem historischen Gebäude untergebrachte Hotel mit apartem Shabby-Chic bietet 275 Zimmer, vom Etagenbett-Raum bis zur Suite mit Künstler-Flair. Fitness gibt es rund um die Uhr; und junge Hipster freuen sich über Stumptown Coffee und The Breslin Bar.

20 West 29th Street, NoMad, 10001
+1 (212) 679 2222
URL *acehotel.com/newyork*

$

Paramount Hotel

235 W. 46th St., Theater District, 10036 +1 (212) 764 5500 URL nycparamount.com

Room Mate Grace

125 West. 45th Street, Theater District, 10036 +1 (212) 354 2323 URL room-matehotels.com/en/grace

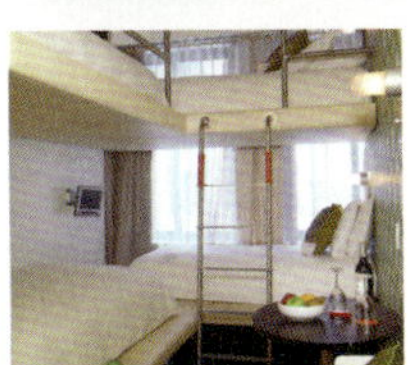

The Jane Hotel

113 Jane St., Greenwich Village, 10014
+1 (212) 924 6700
URL www.thejanenyc.com

The Local Hostels

13-02 44th Ave., Long Island City, 11101
+1 (347) 738 5251
URL thelocalny.com

The Bowery Hotel

335 Bowery, Manhattan, 10003
+1 (212) 505 9100
URL theboweryhotel.com

Notizen

Index

Architektur

Branding & Advertising

Film

Fotografie

Grafikdesign

Industriedesign

Kunst & Illustration

Vahram Muratyan, *S. 038*
www.vahrammuratyan.com
Porträt von Etienne Malphettes

Yuko Shimizu, *S. 063*
www.yukoart.com

Mode

Frederick Bouchardy @JOYA, *S. 014*
www.joyastudio.com

Greg Armas @Assembly New York, *S. 054*
www.assemblynewyork.com

jeffstaple @Staple Design, *S. 017*
www.stapledesign.com

Jennifer Fisher @Jennifer Fisher Jewelry, *S. 015*
jenniferfisherjewelry.com

LONG TRAN, *S. 097*
www.longtran.co

Matthew Waldman @Nooka Inc., *S. 025*
www.nooka.com

Thomas Chen @Emmanuelle, *S. 044*
www.emmanuelle-nyc.com

Multimedia

Aaron Duffy @1stAveMachine, *S. 095*
www.1stavemachine.com

Sean Dougherty @Brand New School, *S. 032*
www.brandnewschool.com

Musik

Frances Rose, *S. 094*
www.warnerchappell.com

Jay Brannan, *S. 045*
www.jaybrannan.com

Reonda Cheng @Bowoo NYC, *S. 090*
www.bowoonyc.com

Selebrities, *S. 098*
FB @Selebrities
Porträt von Brayden Olson

Verlage

Jennifer Daniel, *S. 082*

Richard Turley @Bloomberg Businessweek, *S. 099*

Bildnachweise

Le Bain, *S. 099*
(Interieur) Le Bain

The Box, *S. 094*
(alle) The Box

Brooklyn Flea, *S. 064*
(alle) Brooklyn Flea/John von Pamer

Chelsea Flea Market, *S. 054*
(alle) The Annex Market

Chuko, *S. 082*
(alle) Chuko

The (Met) Cloisters, *S. 043*
(oben) Ansicht des Museums anlässlich der 75-Jahr-Feier. (unten links) Das Einhorn in Gefangenschaft, ca. 1495-1505, Flämisch
The Metropolitan Museum of Art, Schenkung von John D. Rockefeller Jr., 1937 (37.80.6)
(unten rechts) Kreuzgang des Benediktiner-Klosters Saint-Guilhem-le-Désert, nahe Montpellier, spätes 12. bis frühes 13. Jh. The Cloisters Collection, 1925
(alle) ©The Metropolitan Museum of Art, New York

Fanelli Cafe, *S. 091*
(oben) Day Trip to New York City von Jazz Guy / CC BY 2.0 (Mitte) Final lunch at Fanelli's von Bex Walton / CC BY 2.0 (unten) Fanelli Cafe in SOHO, New York City von Vilseskogen / CC BY-NC 2.0

Frick Collection, *S. 042*
(The East Gallery, The Boucher Room) Michael Bodycomb
(Außenansicht) Galen Lee

Guggenheim Museum, *S. 039*
(Außenansicht) David Heald ©SRGM, NY (Installationsansicht von David Smith: A Centennial, 2006) David Heald ©The Solomon R. Guggenheim Foundation, New York

The Hole, *S. 036–037*
(S. 036 Mitte) Artwork von Peter Funch
(S. 036 unten & S. 037) Artwork von Long Bin Chen

Jill Platner, *S. 060–061*
(alle) Jill Platner

Matter, *S. 056–057*
(alle) Matter

MoMA PS1, *S. 033–035*
(Außenansicht) ELK Studios, 2012
(Interieur) Martin Seck, 2012
(alle) Courtesy of MoMA PS1

Penthouse at Dream, *S. 097*
(alle) Penthouse at Dream

Powerhouse @ The Archway, *S. 062*
(alle) Powerhouse @ The Archway

Rockefeller Center, *S. 010 & 025*
Mit freundl. Genehmigung des Top of the Rock Observation Deck at Rockefeller Center und des Rockefeller Center

Rooftop Films, *S. 045*
(oben & unten) Irwin Seow
(Mitte) Dillon Dewaters

Storm King Art Center, *S. 032*
(oben) Museumsgebäude, 1935 Entwurf von Maxwell Kimball
(unten) Kenneth Snelson (geb. 1927):
Free Ride Home, 1974
Beide von Jerry L. Thompson

-

Unterkunft: alle Bilder mit freundlicher Genehmigung der jeweiligen Hotels

CITIX60

CITIx60: New York

GINGKO PRESS
Schulterblatt 58, D-20357 Hamburg / Germany
Tel. +49(0)40-291425, Fax: +49(0)40-291055
gingkopress@t-online.de
www.gingkopress.com

978-3-943330-17-5

Die deutsche Ausgabe von CITIx60 New York erscheint mit Lizenz von viction:ary.

viction:ary
7C Seabright Plaza, 9-23 Shell Street,
North Point, Hong Kong
Url: www.victionary.com
E-Mail: we@victionary.com
@victionworkshop
@victionary_
@victionworkshop

Konzept & Art Direction: Victor Cheung
Recherche & Redaktion: Queenie Ho, Caroline Kong
Projektkoordination: Katherine Wong, Jovan Lip
Illustration der Bezirkskarten: Yige Wang
Redaktion & Aufbereitung: Elle Kwan
Stadtplanillustration für das Cover: Mike Perry
Illustrationen zu „Zähl bis 10": Guillaume Kashima aka Funny Fun
Fotografie: Mercedes Noriega

Für die deutsche Ausgabe:
Übersetzung ins Deutsche: Stefanie Kuballa-Cottone
Projektkoordination: Anika Heusermann, Nicolas Weiß
Lektorat, Korrektorat: Beate Bücheleres-Rieppel, Rainer Milnikel
Layout, Satz: Weiß-Freiburg GmbH - Graphik & Buchgestaltung

Gedruckt und gebunden in China

Der Inhalt basiert auf Daten und Fakten, die im April 2018 verfügbar waren. Reisenden wird empfohlen, sich vor Abreise oder Besuch aktuelle Informationen zur jeweiligen Location einzuholen.

Danksagung
Ein besonderes Dankeschön geht an alle Kreativen, FotografInnen, RedakteurInnen, ProduzentInnen, Firmen und Organisationen, die uns mit ihrem für diesen Cityguide notwendigen Wissen inspiriert haben. Ebenso an die vielen Beteiligten, deren Namen nicht genannt werden, die jedoch an der Fertigstellung des Buchs mitgewirkt haben. Wir bedanken uns für ihren Input und ihre kontinuierliche Unterstützung.

CITIX60

City Guides

CITIx60 bietet eine handverlesene Reihe von Hotspots, die das Lebensgefühl der aufregendsten Design-Zentren der Welt vermitteln. Dieser City-Guide zeigt, was es zu sehen gibt, und führt an Orte, die nur passionierte Insider kennen.

Jeder Band ist in enger Zusammenarbeit mit Akteuren der lokalen Kreativszene der jeweiligen Stadt entstanden – engagierte Leute aus den Bereichen Architektur, Film, Fotografie, Gastronomie, Grafikdesign, Kunst & Illustration, Mode, Multimedia, Musik, Verlagswesen und Werbung, die am Puls der Zeit sind und wissen, was wo angesagt ist. Ob Tagesausflug oder längere Reise – **CITIx60** ist ein attraktiver Ideengeber.

Die Städte:

Barcelona
Berlin
London
New York
Paris